U0122063

Quantum Marketing

Mastering the New Marketing Mindset for Tomorrow's Consumers

量子营销

引领未来的创新营销法

〔美〕拉加·拉加曼纳（Raja Rajamannar） 著

池明烨 译

中国出版集团

中译出版社

图书在版编目（CIP）数据

量子营销：引领未来的创新营销法／（美）拉加·拉加曼纳（Raja Rajamannar）著；池明烨译 . -- 北京：中译出版社，2022.7（2022.9 重印）
书名原文：Quantum Marketing: Mastering the New Marketing Mindset for Tomorrow's Consumers
ISBN 978-7-5001-7108-9

Ⅰ.①量… Ⅱ.①拉… ②池… Ⅲ.①市场营销学 Ⅳ.①F713.50

中国版本图书馆CIP数据核字（2022）第098353号

版权登记号：01-2022-2885

量子营销：引领未来的创新营销法
LIANGZI YINGXIAO : YINLING WEILAI DE CHUANGXIN YINGXIAOFA

出版发行　中译出版社
地　　址　北京市西城区新街口外大街 28 号普天德胜大厦主楼 4 层
电　　话　（010）68359373, 68359827（发行部）68357328（编辑部）
邮　　编　100088
电子邮箱　book@ctph.com.cn
网　　址　http://www.ctph.com.cn

出 版 人　乔卫兵
策划编辑　郭宇佳　赵　青
责任编辑　郭宇佳　赵　青
文字编辑　赵　青　郭宇佳
封面设计　潘　峰
营销编辑　张　晴

排　　版　北京竹页文化传媒有限公司
印　　刷　北京中科印刷有限公司
经　　销　新华书店

规　　格　880 毫米 ×1230 毫米　1/32
印　　张　9.5
字　　数　197 千字
版　　次　2022 年 7 月第一版
印　　次　2022 年 9 月第二次

ISBN 978-7-5001-7108-9　定价：69.80 元
版权所有　侵权必究
中 译 出 版 社

谨以此书
献给我的精神支柱

帕拉卡拉·斯瓦米先生（Sri Parakala Swamy）

量子（quantum）

1. 极端、突兀的改变，例如"quantum leap"（飞跃）或"quantum change"（剧变）。

2. 在经典理论失效时的新理论，例如"quantum physics"（量子物理）或"quantum mechanics"（量子力学）。

3. 跨越现有已知限制的新方法和新设备，例如"quantum computing"（量子计算）、"quantum computers"（量子计算机）或"quantum marketing"（量子营销）。

量子营销

当今世界变化之快，颠覆之大，都是前所未见的。在此环境下，经典的营销理论、战略和实践正在失效。**量子营销**为这个未来的"美丽新世界"构建了全新的框架。这个新框架对经典营销的方方面面提出了挑战，为营销人员勾勒出最前沿的战略，助力他们茁壮成长，大展宏图。

推 荐 序

撰文：万事达卡（Mastercard）前执行董事长彭安杰先生（Ajay Banga）[①]

当今世界，提到市场营销，我会想到一个词：信任。

每一天，企业都必须千方百计地赢得服务对象的信任。为此，我们致力于提供优质的产品，培养可靠的员工队伍，在与服务对象的每一个接触点上注重言行举止和沟通互动，为客户、合作伙伴和社会提供有力支持。建立信任，巩固信任，这就是我时刻思考的事情。即使公司与服务对象有无数个接触点，有时感觉和我们没有直接的关系，但我们还是要在每一个接触点上传递出这份信任。要如何做到这一点，就是拉加时刻

[①] 2021 年，本书首次在美国出版时，彭安杰先生时任万事达卡执行董事长。——编者注

思考的事情。

我和拉加相识 20 多年，既是同事，也有私交。在这段时间，我看到有两大驱动力决定了他的工作方式。

首先，他既是营销人员，也是商业领袖。因此，他会兼顾这两个角度思考问题，孜孜不倦地把品牌效果与业务成果联系起来。对他来说，营销不只是设定目标，还要确保营销目标和业务目标保持一致，更要切实推动业务增长。

其次，他渴望不断突破市场营销的现有界限，开拓新的前沿。他时刻关注市场未来发展的新趋向，例如更小的屏幕、语音助手、自动驾驶汽车等，研究这会对消费者的行为产生什么影响，以及在此环境下，企业要怎样取得消费者的关注。当然，还有在这样的新兴环境下，我们要怎样维系消费者的信任，进而推动企业业绩。

我们在万事达卡共事期间，我目睹了他是怎样运用这两大驱动力改变了我们的营销工作，也改变了营销业界的。他有些创意乍听起来非常疯狂，例如从品牌标志中拿掉公司名，打造多感官品牌推广、赞助电子竞技等。可是我后来发现，这些创意全都（全都！）有着可靠的科学依据，也是经过深思熟虑、巧妙执行的。或许正因如此，他在这里领导的多个营销项目还被哈佛商学院和耶鲁管理学院收录为可研究案例，现在还被全球多所管理学院引用。

我在职业生涯中见过形形色色的营销人员，知道营销人员可以为企业带来怎样的成绩。我见过一些营销人员在面对尖锐的商业问题时张口结舌，也见过一些营销人员懂得怎样把营销部门的工作和企业的需求联系起来，以此获得充分的授权。我和拉加一样，相信当今世界正在发生翻天覆地的变化。营销人员要成功驾驭当前环境、推动企业业绩，首先就要懂得协调部门的工作和企业的需求。我也相信，这就是拉加在这本书里所讲到的：怎样通过预判未来趋势、了解范式转移、建立灵活的框架，来帮助我们携手前行，共同打造备受信赖的品牌。

凡是企业高管，不论他们是否自认为是营销人员，都可以从《量子营销》中得到启发。

前　言

　　我第一次接触市场营销，是幼时在印度和母亲一起到市场买菜。我们会告诉全家人，我们要"去市场"（going marketing）了。对我们来说，"去市场"就等同于"购物"。自此之后，"市场营销"（marketing）这个词就刻在了我的脑海中。我会由此联想到购物的喜悦、特价优惠、免费样品、集市和展览等，这就是一个小小消费者眼中的市场营销。

　　多年后，我有幸进入一所知名的研究生院：印度管理学院班加罗尔分校（Indian Institute of Management in Bangalore）。在那里，我开始学习"真正的"市场营销。等我毕业并拿到工商管理硕士（MBA）学位，我自以为已经很懂市场营销了。当时，我确实掌握了很多书面理论。可是初入职场，就有人给

我兜头泼了一盆冷水。我刚毕业就加入了亚洲涂料有限公司
（Asian Paints）。入职第一周，就有一位总监单刀直入地问我：
"拉加，我们之前根本没有营销部门，就已经在市场上处于领
先地位了。那么，你能不能告诉我，市场营销到底是做什么
的？"

这或许是我听过的最好的商业问题。我也会经常这样问
自己：市场营销在这里扮演着什么角色？营销部门应该做些什
么？未来趋向是怎样的？更重要的是，有多大的发展空间？

目前，市场营销陷入了危机。许多蓝筹营销公司在拆分市
场营销的"4P"——价格（price）、渠道（place）、产品（product）
和促销（promotion），把这些要素分派到市场营销之外的多个
领域。没有了市场营销的4P，有人不禁要问，究竟这些公司
的营销部门做的是哪些工作？许多公司连年削减营销预算，
持续裁减营销部门的全职员工，甚至砍掉整个营销部门。几乎
每家公司都大谈品牌建设有多么重要，这种说法也是正确的。
可是，许多C级高管暗地里总是怀疑品牌营销多半是华而不
实的，浪费人力物力，没有立竿见影的效果，甚至毫无用处。

近几年的研究显示，80%的首席执行官表示对公司的营销

团队毫无信心；[①] 73% 的首席执行官表示，营销团队成员缺乏商业素养，也没有能力推动企业业绩的增长。许多首席执行官觉得市场营销没有价值，也看不到营销部门创造的价值，营销人员在首席执行官面前的话语权日益下降。

当今时代，营销高管能发挥强大的力量，以前所未有的方式影响企业的短期和长期业绩。讽刺的是，市场营销的存在价值却备受质疑。

市场营销正面临信心危机，主要原因有 3 个方面：

首先，营销格局发生了重大变化。近年来，科技出现了重大变革，数据分析取得了巨大进步，在移动设备和社交媒体的驱动下，消费者的行为也发生了改变。这些因素共同对商业模式发起冲击，颠覆了传统营销战略。

其次，营销人员很难有效关联营销部门的投资行为与业务成果。因此，究竟营销部门做出了哪些贡献、创造了哪些价值，受到越来越多人的质疑。

再次，许多营销高管对营销部门可以做哪些工作、可以怎样推动业务增长的看法过于狭隘。一方面，现代营销人员是线

---

① 《首席执行官为营销团队提供支持的 12 个方式》，《福布斯》，2017 年 6 月 12 日。

性的，注重分析，也痴迷于 A/B 测试、数据处理和技术部署。他们丝毫不在意市场营销的传统基本元素，例如品牌定位、消费者心理和精妙创意，只关心绩效营销和绩效营销成果（而非背后的"为什么"）；另一方面，富有创意的传统营销人员可能更为擅长市场营销的传统领域，可是对商业模式、数字技术或数据分析一无所知。因此，企业亟须兼具这两方面能力的高管：他们需要能驾驭这两个不同的营销流派，左右脑并用，既要有提出创意的感性一面，又要掌握数据和技术。

然而，市场营销正迈向最令人振奋的转折点，也就是市场营销的第五范式，我称之为"量子营销"。人工智能、增强现实（AR）、5G 连接、物联网、智能音箱、可穿戴设备和区块链等新技术都有望改变消费者的生活，令市场营销的影响力进入全新境界。与此同时，市场营销的整个功能和准则都会出现重大飞跃。触达消费者、与消费者实时交互，以及超定向、超相关的消费者互动等，这些都达到了惊人的水平。营销手段比过往任何时候都更加强大。面对残酷的竞争，营销部门可以推动企业业绩，这项能力不仅非同凡响，对企业的未来生存也至关重要。

在第五范式中，新科技飞速发展，交互点迅猛增加，将会达到新的维度。此外，社会性的变化使营销生态系统受到颠覆性冲击。营销部门在组织内部却受到前所未有的挑战，就连存在价值也备受质疑。在这样艰难的环境下，企业要想取得成功和蓬勃发展，就需要彻底"重启"市场营销。无论是首席执行官、首席营销官、营销领导人，还是教师、学生、初创企业，只要你希望在不远的未来取得成功，就需要怀着不破不立的态度，按下这个"重启"按钮。

量子营销并不是要把我们对市场营销的所有认识统统抛弃，而是要在快速变化的营销格局下，在营销地位下滑的当前背景下，认真思考所有方面。量子营销是要认清这样一个现实：市场营销作为一门艺术、科学和工种，确实陷入了危机。因此，通过量子营销，我们要重新打造和想象市场营销，为之注入新的活力，更有力地推动企业业务势头加速发展。也就是说，量子营销要真正地给企业发展的动力做乘法，并取得明显的成效。第五范式会颠覆市场营销的许多传统层面和原则。量子营销旨在重新界定和制定营销方式，应对和利用这些范式转移。

通过量子营销，我们会明白，当前的危机可以在市场营销、广告和品牌推广的历史上找到源头。在本书中，我在讲到市场营销的各个范式时会详细介绍。在第一、第二范式中，印刷、电台和电视广告取得早期发展，一直到互联网诞生前夕。在第三、第四范式中，互联网和大数据兴起，移动技术的发展现状是，数据科学占主导地位，社交媒体平台无处不在。在第五范式中，人工智能、增强现实、虚拟现实（VR）、混合现实（MR）和5G连接兴起，将会使市场营销达到难以想象的深度和维度。

第五范式会给营销业界带来惊人的变化。

市场营销的传统试金石会快速发生变化，广告的存在价值会继续受到质疑。人们已经不想再要广告了。事实上，他们会安装广告拦截程序，拦截屏幕上的广告，甚至愿意支付获取无广告环境的费用。用户黏性规划将持续转变，品牌需要采取全新的模式吸引顾客回归。同时，竞争格局也会发生深刻的变化。这都是未知的领域，是截然不同的全新世界，是异常复杂、广阔、宏大、极具影响力和意蕴深长的世界。这个世界也充满了创意、创新和无限机遇。企业若能充分发挥市场营销的潜力，推动业务增长，建设品牌，就会形成重要的竞争优势。在过去5年里，市场营销发生的变化比此前50年更多。在未来5年里，市场营销变化的速度将会比过去55年更快。前路任重道远，却又振奋人心。

营销人员和组织还没有为第五范式做好准备。这关系到市场营销未来会以怎样的形式存在，会有怎样的模式，会在怎样的场景和情况下运作。

我之所以撰写这本书，是为了分享自己担任全球营销高管的经验，为当前的商业领袖提供资源，给未来的领导人带来警示和希望。要释放市场营销未来的希望和力量，我们需要一种新的领导能力，一种对营销任务的全新使命感。只有那些能"重启"营销使命、战略和方式的企业才能取得成功。本书会帮助你对自己现有的思维方式提出质疑，指导你掌握全新的营销思维，为服务未来的消费者做好准备。

欢迎进入量子营销的世界！

目 录 CONTENTS

第一章　市场营销的演变：从古代到算法时代

在讨论量子营销之前，我们最好先回顾一下历史。现代营销人员或许会以为市场营销的林林总总都是新发明的，但其实，市场营销和广告的基本雏形可以追溯到数千年前。例如，说起庞贝古城（Pompeii），你会想到火山爆发，居民和古代珍宝被火山灰掩埋、定格的场景。公元79年，维苏威火山（Mount Vesuvius）爆发，掩埋了这座古老的城市，时至今日，考古工作仍在继续。除了人体遗骸和文物之外，考古学家还在废墟中发现了别的东西：广告！

2013年，芬兰考古学家在庞贝城富裕居民住宅的外墙上发现了政治宣传信息，宣扬政客的个人品质和政策。① 这则信息集广告、媒介策划和基于位置的定向投放于一身！

在后面的章节中，你会看到关于品牌专属声效的创新，看到企业是怎样利用声音打造品牌辨识度的。而根据中国古代文献的记载，卖糖食的小贩会以吹箫管之声招徕生意。我们或许会觉得横幅广告是多么巧妙的发明，其实早在宋朝（960—1279年），就有针铺打出了这样的广告："收买上等钢条，造功夫细针，不误宅院使用。"这个广告上还有一只拿着铁杵捣药的白

---

① 斯蒂芬妮·帕帕斯（Stephanie Pappas）：《庞贝城墙壁上的宣传信息揭示了古代的社交网络》，生活科学网站（Live Science），2013年1月10日。

兔，这只白兔相当于品牌吉祥物，也是品牌标志的前身。[1]

市场营销以这些简单的方式起步，之后一直持续演变。15世纪，欧洲开始使用印刷术，是市场营销在古代发展的重大飞跃。杂志和海报上开始出现广告。商家改进了产品包装，以便传达出产品的质量和好处。19世纪，广告公司和肥皂广告诞生。随后，电台、报纸、电视、有线电视、互联网和数字营销相继面世。就连在市场营销发展的早期，我们也能看到许多现代概念的雏形，包括基于位置的广告、社交媒体和营销绩效评估等，实在耐人寻味。由此可见，影响他人和社会的想法、情绪和行为，是人的本能。在每个阶段，市场营销都有一个主导方式，但这些阶段并非纯粹线性的。例如，2020年，汉堡王（Burger King）在应用程序中开展了基于地理位置的营销活动，向麦当劳（McDonald's）门店附近的顾客推送特别优惠，令人忍俊不禁。[2]而基于地理位置的营销方式早在庞贝古城已经初见端倪，商家会在人流量高的位置做广告宣传。又例如，早在印刷广告发展早期就已经兴起的基本产品逻辑，许多品牌至今

[1]《现代市场营销和广告的古代源头和历史》，LaFleur，2016年7月26日。
[2] 阿梅莉亚·卢卡斯（Amelia Lucas）2018年12月4日在美国消费者新闻与商业频道（CNBC）报道：汉堡王为推广应用程序，为麦当劳门店附近的顾客提供1美分购皇堡的优惠。

3

仍在运用。

第一范式：以逻辑和理据为前提

市场营销的第一范式是理性的、浮于字面的，几乎完全以产品为中心。这种范式假定消费者所做的购买决策是理性的、符合逻辑的。只要你生产了最好的产品，消费者就会蜂拥而至。于是，营销人员有一个既定的目的和简单的策略：打造出比竞争对手更好的产品，并且让消费者知道。营销人员向消费者推介产品时，会营造和利用自家产品特征与竞品的不同之处或优势所在，又或者以更低廉的价格售卖。汰渍（Tide）"让衣物更洁净"。道奇（Dodge）汽车"行驶更顺畅"。[①] 而伊莱克斯（Electrolux）吸尘器"吸力出众，无可比拟"。

大规模生产的出现在一定程度上造成了产品平价和大宗商品化。每个品牌的研发工作都集中在提升产品质量上。这导致不同品牌所提供的产品之间并没有很明显的差异，竞争优势微乎其微。于是，营销人员开始强调，甚至夸大消费者看重的

---

① 《道奇 1951 年老广告》，Pinterest，罗伯特·斯特德（Robert Stead）上传。

特征，更是请来一些有信誉，或者看似有信誉的人为品牌背书，让消费者相信产品宣称的功效。例如，好彩香烟（Lucky Strikes）请来医生，声称其产品对人体健康无害。[1] 这种做法当然降低了消费者对品牌的信任，广告慢慢失去了可信度。此外，广告也在影响和塑造文化，不幸的是，它同时也影响和塑造了性别刻板印象。

第二范式：情感为上

随着时间的推移，营销人员有了一个重大发现：人们在做出决策时，并非只凭着理性分析做出符合逻辑的判断，更多的是受到情感支配。事实上，在许多情况下，纯粹是由情感决定的！因此，营销人员开始在广告活动中加入情感元素。电视普及之后，这种强大的新媒介结合了视听体验，品牌可以借此诉说娓娓动人的故事。值得留意的是，情感化的宣传不需要科学证据，也不需要数据支持。这样的宣传就算略微夸大，也可以美其名曰"创作自由"或"创作灵活性"。在情感营销的大

---

[1] 贝姬·利特尔（Becky Little）：《香烟公司请来医生推广吸烟》，History.com，2018 年 9 月 13 日（2019 年 9 月 11 日更新）。

潮下，市场营销不只是吸引消费者购买产品，而更多的是邀请他们享受体验。

企业和品牌把对产品吸引力的关注提升到全新的高度。在第一范式中，关注点在产品的原料和性能；而到了第二范式，情感承诺为之提供补充，甚至取而代之。感情关系、亲和力、地位、吸引力、快乐、喜悦、成功……这一切都仿若某个秘密俱乐部的会员福利，消费者只要购买产品，就能获得这些神秘的体验。想一想，可口可乐（Coca-Cola）承诺令你"心旷神怡，万事胜意"，而百事可乐（Pepsi-Cola）自诩为"新一代的选择"。

市场营销会挖掘情感，而品牌和企业开始创造并占据情感空间。产品特征可以被追平和超越，使产品失去市场地位。可是想要与情感竞争，难度要大得多。一旦一个品牌占据了一个情感空间，基本上就不会失去。

但情感营销要怎么做呢？答案是为品牌与一些深奥的品质（如奢华、放纵、自由、地位等）建立联想，这也成为一种竞争战略。了解和改进产品还是有必要的。但除此之外，企业和品牌还会努力了解消费者心态、动机、态度和行为。企业纷纷推出态度指标，开展消费者使用习惯研究、焦点小组访谈和心理统计研究。

随着营销人员对消费者的了解程度的增加，明白消费者向往怎样的生活、以谁为榜样，他们开始更多地依靠名人为品牌代言，与消费者建立情感联结，使消费者悠然神往。第二范式的明星不是水宝宝（Coppertone）防晒产品包装上的匿名女孩，也不是为香烟背书的普通医生，而是产品代言人。波姬·小丝（Brooke Shields）为卡尔文·克莱恩（Calvin Klein，下简称 CK）代言；麦当娜（Madonna）为百事可乐代言；迈克尔·乔丹（Michael Jordan）为耐克（Nike）代言。从此，广告有了一个清晰的任务，市场营销有了一个清晰的方法。

第三范式：互联网、数字媒体和数据

营销人员利用情感和身份认同触达消费者，让消费者痴迷不已，营销工作开展顺利。可是，某项新科技不期而至。1991 年 8 月 6 日，蒂姆·伯纳斯 - 李（Tim Berners-Lee）公开发布了一个神秘的信息检索系统，这个原本只有科学家知道的系统名为"万维网"。没有新闻稿，凭借叶芝（W. B. Yeats）的诗句，一种"可怕的美"已经诞生。

　　4年后，这种"可怕的美"开始货币化。1994年10月12日，数字贸易信息网站HotWired同时发布了12个不同品牌的广告，包括美国电话电报公司（AT&T）、MCI、沃尔沃（Volvo）、地中海俱乐部（Club Med）、1-800- 收集（1-800-Collect）、斯普林特（Sprint）和国际商业机器公司（IBM）。横幅广告面世了。[①] 数字营销就此诞生。霎时间，有关市场营销、广告和媒体的一切都为之改变。就在那一刻，速度、规模和影响力诞生了。自此之后，市场营销的一切再也与以往不同。

　　这就进入了第三范式：互联网和数据营销兴起。继电视之后，这是市场营销面临的又一大技术颠覆。数据从前是科技达人、极客、经济学家和研究人员等人的专利，现在吸引了新的主顾——营销人员发现了数据的力量，发现数据可以提升营销效果。于是，他们关注的焦点变成利用数据开展更定向的营销，减少浪费，把预算花在刀刃上，大大提升了公司的投资回报率。在这个范式中，数据科学家和精通数据的营销人员在商界崛起。有了互联网，营销人员能很好地触达潜在顾客和已有顾客，与之沟通，打动他们的心，其规模、经济效益和精准度

[①] 罗斯·贝内斯（Ross Benes）：《一个庞大行业的开端：第一个横幅广告的口述历史》，Digiday，2017年11月8日。

都是前所未有的。

但不是什么都可以数字化的。在第三范式中，直邮广告和直销广告也大幅增加，更是出现了"一人细分"。所谓"一人细分"，是指企业认识到每一位消费者都是独特的个体，把他们当作独特的个体来对待，以此打造出高度个性化的营销信息，并以难忘、定制化、具有影响力的方式向消费者传递。如花旗银行（Citibank）等公司发出的直邮广告，最初是为了向客户推销整合信用卡余额的工具，如今进入了数据驱动的个性化时代。在第三范式中，营销人员大大改进了定向投放，消费者甚至警告他们不要过于贴近、侵犯隐私。因此，消费者权益代言人呼吁监管机构在 2003 年通过法案，规定在美企业须遵守"不接受电话推销名单"或"不接受邮件推销名单"。

打个比方，如果说直接营销①是为了贴近消费者，那么互联网就是进入了他们的基因中。营销人员借助发送的电邮或信息，可以将信息送至消费者触手可及的地方。而消费者在网上搜索产品信息的时候，营销人员可以从中获取消费者行为洞察，有机会更贴近消费者。这是以前从未有过的，营销

---

① 直接营销：又称直复营销，与那些经过仔细筛选而锁定的单个消费者进行直接联系，以便获得即时购买反应又培育长期顾客关系的营销活动。——编者注

人员愿意为这样的机会付费。因此，网景（Netscape）、兴奋（Excite）、雅虎（Yahoo）等网页浏览器是首批获利的互联网公司。而等到谷歌推出关键字广告（AdWords），盈利能力才有了全新的含义。事实上，早在 2000 年，哈佛商学院教授约翰·戴顿（John Deighton）就把互联网称为多维度的"营销全环境"。[①]

消费者也从互联网获得了赋权。他们搜索产品信息、他人信息，发现自己什么都想要多一点。互联网及其产生的数据结合了技术和平台，为第三范式提供了舞台。是的，这是一个巨大的转折点。用户每次访问、点击和浏览网页都会生成宝贵的数据，揭示其消费行为、偏好和支出模式。互联网广告迎来爆炸式增长，飞快地展示了数据有多么诱人。1997 年，也就是营销人员开始把网络看作广告媒体的第一年，美国互联网品牌方的广告支出是 9.4 亿美元；到 1999 年，这个数字飙升至 40 亿美元。[②]

此前，营销人员在一定程度上不需要为广告效果承担责

[①] 苏珊·扬（Susan Young）：《领会信息：互联网是怎样改变了广告行业》，《哈佛商学院实用知识》（*Harvard Business School Working Knowledge*），2000 年 5 月 16 日。

[②] 同上。

任，但随着数据的出现，这种情况在很大程度上发生了改变。数据改变了广告效果的衡量标准，不用再臆测和估计受众人数。一则广告是否有效，电视收视率不再是答案；一则报纸广告是否可以推动销售，与报纸发行量统计不再相关。一则广告只有让人看到了，受众也采取了行动，广告才算是成功的。在全新的互联网时代，这两点突然变得可测量，而且是精细测量。某个媒体值得投放广告吗？答案在于每天有多少目标受众会观看或浏览这个媒体并与之互动。数据界定了商业媒体，使广告投放位置变得像手术一样精准。

接下来，"实时"这个词出现了。通过了解消费者的实时活动（刚刚过去的行动或当前位置），可以向其发送定制化优惠或与之沟通，实现真正的"一对一营销"。这样一来，就可以精准地界定营销投资回报率。营销人员第一次能可靠地观测消费者对不同的营销战略和战术做出的反应。传统的消费者购买漏斗（意识 => 兴趣 => 意愿 => 行动）正在接受重新评估，营销人员开发了更成熟的消费者购买模型。除了提升品牌知名度、建立竞争优势等传统目标之外，还要增强消费者的购买意愿和购买意图。营销的艺术与营销的科学结合起来。有鉴于这些变化，企业需要新一类的营销高管。那些个性张扬、捞取丰厚津贴的"广告狂人"要么做出改变，要么换一份工作。精通数据成了营销高管的入职要求。

在第二范式中，数据成了一种赋能引擎。数据为消费者提供效用、动态参照框架以及整体上个性化的感觉。营销人员可以借助数据，计算和了解顾客终身价值，也就是消费者在生命周期中可以为企业带来的价值。此外，营销人员还可以得出更准确的留存模型。数据成了一种竞争优势。此前，菲利普·科特勒（Philip Kotler）提出了著名的 4P 营销理论；如今，价格、渠道、产品和促销这四大竞争动力为竞争战略画上了圆满的一个圈。数据更是与 4P 一起，成为竞争战略的主要支柱。

第四范式：永不下线

互联网方兴未艾，营销人员还没来得及消化其影响，两个新维度又出现了，共同界定了第四范式。Facebook（脸书）网站从大学生留言板起家，在 2007 年 10 月至 2008 年 8 月间，用户人数从 5 000 万人飙升至 1 亿人，社交媒体就此诞生。大约在同一时间，也就是 2007 年 6 月 29 日，苹果手机（iPhone）发售。随着手机和移动设备面世，消费市场格局彻底改变。于机基本上成了人体的延伸，消费者睡觉前拿着手机，一觉醒来第一时间还是去拿手机。如今有了这样一个媒介，营销人员可以随时触达消费者。

引发第四范式的力量

促使手机和移动设备诞生的四大基本元素：处理能力呈指数式上升；元件和设备微型化；廉价网络无处不在；用户界面出现重大飞跃，带来非常直观的用户体验。由于这四大基本元素普遍出现，加上社交媒体平台兴起这场变革，消费市场格局的方方面面都发生了改变。这就是第四范式。

图 1 显示了引发第四范式的 6 大颠覆性变化。消费者对内容的消费规模达到惊人的水平。在 1 分钟内，全球有 1 800 万人通过手机应用程序发送短信；400 万个油管（YouTube）视频在播放；100 万人登陆脸书；4 100 万人在脸书传讯（Facebook Messenger）或通过微信发送信息；400 万人在谷歌浏览器上搜索信息……① 这些巨大的变化带来了颠覆性的冲击，令

---

① 杰夫·德雅尔丹（Jeff Dejardin）：《2019 年的一分钟内，互联网上发生了什么？》，Visual Capitalist，2019 年 3 月 13 日。

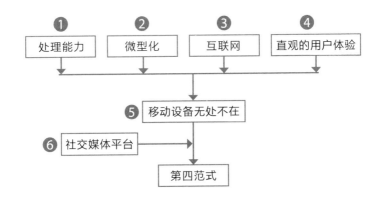

图 1　引发第四范式的 6 大颠覆性变化

消费市场格局出现剧变。

考虑以下几点：

- **永不下线意味着永远分心**：在第四范式中，人不断接触到新的刺激，平均注意力持续时间已经缩短到 8 秒以下，跟金鱼差不多。人们度假时，平均每天看 80 次手机，有些人每天看屏幕的次数超过 300 次。人们每天在不同数字设备上花费的时间长达 6 个多小时。[①]而消费者平均每天会接收到 5 000 条商业性信息的轰炸。他们学会了视而不见、听而不闻，任凭商业性信息接踵而来，也不怎么

---

① 昆廷·福特雷尔（Quentin Fottrell）：《人们大部分清醒时间都在看屏幕》，Market Watch 网站，2018 年 8 月 4 日。

会加以关注。

- **缺失黄金时间**：多年以前，我们会讨论"黄金时间"。在这段时间里，一家人围坐在电视前，观看某个频道的热门节目。营销人员很清楚要触达目标受众，需要在哪个频道、哪个节目上投放广告。如今，每个人都有多台设备，也会使用这些设备观看许多视频内容。他们会在自己合适的时间，按需观看想要的内容；也通常不会一家人聚在一起看，而是一个人观看。黄金时间不复存在。观众群出现了极大的细分。如今，要制订计划，面向可靠优质的观众群投放广告，就需要繁复得多的数学计算。这涉及大量的定量建模，才能从纷繁庞杂的信息中理清头绪，采取行动，触达目标受众，提升业绩。

- **社交媒体的天堂和地狱**：在第四范式中，一条推文就可以对一家公司的声誉乃至估值造成重大影响。在 2014 年奥斯卡金像奖（Oscars）颁奖典礼上，艾伦·德杰尼勒斯（Ellen DeGeneres）拿出一部三星（Samsung）手机，与布莱德利·库珀（Bradley Cooper）、詹妮弗·劳伦斯（Jennifer Lawrence）等一众明星自拍合影，并以推文发出。在短短 2 小时内，这张照片的转发量高达 200 万次。[①]

反过来，社交媒体也可以通往地狱之门。在 2018 年初，凯莉·詹娜（Kylie Jenner）发出了这样一条推文："现在还有人在用快照（Snapchat）吗？"此话一出，快照股价（$Snap）暴跌。美国有线电视新闻网财经频道（CNN Money）刊发了这样的头条新闻：《凯莉·詹娜一条推文，快照市值蒸发 13 亿美元》。[②]

超越规模

如今，移动设备的数量比全球人口还多。因此，企业有机会以实时、定向的方式与各地消费者建立联系，使沟通效率大大提升。移动设备威力强大，无处不在，超越了时代、地区和文化。

比起营销的艺术，第四范式更注重营销的科学。媒介策划已经自动化，在点击率、页面浏览量和内容邻接的推动下

[①]《艾伦的奥斯卡自拍照引发 Twitter 网站宕机，转发破纪录》，美国消费者新闻与商业频道（CNBC）2014 年 3 月 3 日报道。

[②] 卡亚·尤里弗（Kaya Yurieff），《凯莉·詹娜一条推文，快照市值蒸发 13 亿美元》，CNN 商业网站（CNN Business），2018 年 2 月 23 日。

运作。程序化广告占据了上风。这些广告依赖算法和复杂的竞价系统，其复杂程度堪比证券交易所的交易系统。2019 年，约超过 65% 的数字广告是通过算法购买和展示的。[①] 要在程序化环境中发布广告，我们需要有新方法来衡量广告是否被用户看见，看广告的是人还是机器人，以及最终的广告支出应该是多少。

衡量数字广告绩效变得非常复杂。几百个相关实体（包括广告技术和营销技术公司）崛起，蓬勃发展，并以极高的市盈率被收购。如今，广告生态系统错综复杂，需要许多参与者才能理清头绪，保持良好运作。据估计，广告预算的 40% 流入了各个中间商的腰包。[②]

但并不是有了第四范式的变化，一切就万事大吉了。无论是站在营销人员还是消费者的角度，广告生态系统都出现了信任问题。K2 情报（K2 Intelligence）发表了一份报告，指广告公司大肆收受回扣，并收取不必要的加成，金额高达客户支出的 30%—90%。报告指出："有时候，媒体代理控股公司会

---

① 根据实力传播（Zenith, the ROI Agency）2019 年 11 月 25 日报告指出，程序化广告支出在 2019 年首次突破 1000 亿美元。

② 劳丽·沙利文（Laurie Sullivan）：《数据估计 40% 的媒体费用浪费了：一家公司应怎样堵住这些漏洞》，MediaPost，2019 年 9 月 23 日。

向媒体买家威逼利诱，让他们不管是否符合客户的最佳利益，都引导客户开支投入这个媒体。"[①] 美国司法部已经对这个灰色产业展开调查。[②]

除了客户、媒体和广告公司之间的信任问题之外，站在消费者的角度也有信任问题。他们担心自己的数据隐私会受到侵犯，这种担忧也不无道理。消费者的忧虑情绪日盛，促使监管机构收紧规定。2018 年，欧盟颁布了《通用数据保护条例》（General Data Protection Regulations），规定所有企业必须清楚列明收集数据的目的，在收集数据之前必须征得消费者的明确同意，并允许消费者随时删除个人信息。2020 年初，加利福尼亚州开始实施类似的法案。[③] 全球多个国家和地区正在严肃考虑这个问题。

---

① 苏珊娜·弗拉尼察（Suzanne Vranica）：《研究发现广告业务充斥着不透明的实践》，华尔街日报，2017 年 6 月 7 日。

② 苏珊娜·弗拉尼察，洪芊芊（Nicole Hong）：《联邦检察官探查广告行业的媒体购买实践》，华尔街日报，2018 年 9 月 27 日。

③ 德温·科尔德韦（Devin Coldeway）2020 年 1 月 1 日在 TechCrunch 网站发表报道：《加州消费者隐私法案》今天正式生效。

总　结

我们在本章谈到了市场营销的四个范式。

第一范式是"产品为王"，有这样一个简单的前提：消费者会做出符合逻辑的购买决策。

第二范式深入探讨了消费者的情感因素。这主要是由于单凭产品的功能和好处难以形成差异化。许多时候，即使产品本身明显并非必需品，情感本身也足以打动消费者。

第三范式是互联网时代和数据驱动营销。数据分析给市场营销带来了全新的认识和深度，从定向投放数字广告、全新的广告效果衡量指标，到计算顾客终身价值等，不一而足。在互联网这个平台上，营销人员可以了解消费者的兴趣和意图，向其展示合适的信息，并确保符合其经济效益。

在第四范式中，移动设备带来了移动性，基本上成了人体的延伸，也令人为之心醉。移动和实时定位技术以及社交媒体平台兴起，我们进入了移动互联消费者的时代。营销人员通过数字渠道和社交网络与消费者建立联系。

从庞贝古城的墙壁和宋朝的针铺至今，市场营销取得了长足的进展！

第二章 第五范式

第一范式	第二范式	第三范式	第四范式	第五范式
产品营销	情感营销	数据驱动营销	数字和社会化营销	量子营销

图2　市场营销的五个范式

现在，我们站在了第五范式的悬崖上，这是量子营销的时代（见图2）。

在这个时代，新兴技术不断涌现，给消费者的生活带来了急剧的颠覆性冲击，其中有好有坏。消费市场格局为之改变。对此，营销人员需要发掘这个全新范式的动态，彻底重塑营销方式。在这个时代，错误会被成倍放大，成功就犹如消费者的注意力持续时间一样短暂。从一般科学的角度解释，"量子"起到了经典理论所不能解释的效应，也可引申为速度或数量的重大飞跃。这两个定义都可用于描述第五范式中的市场营销，也就是量子营销。

首先，我们来看一下这个不可思议的新兴格局。

- **无限的数据**：五花八门的传感器开始扎根于消费者的生活，从物联网（联网冰箱、洗衣机、洗碗机、家用温控器等）到可穿戴设备（智能手表、智能指环、智能健身追踪器），再到智能音箱、数字助手和网联汽车等，涵盖了生活的方方面面。这些传感器可以感应到消费者的每一次呼吸、移动，甚至感觉，采集到前所未有的海量数据。如果营销人员懂得利用这些爆炸式增长的量子数据，就可以获得极其深入的消费者洞察，大大提升广告效果，实现极佳的消费者互动。在后面的章节中，我会举例细讲。

- **人工智能（AI）**：人工智能的影响极大，我会用整整一章的内容来讲述。从简单的消费者调研到复杂的预测分析，无论你现在是怎样处理数据的，在人工智能面前，统统都是小儿科。人工智能可以从来源各异、类型不同、没完没了的数据中理清头绪，生成强大且可行动的洞察，这种能力是前所未有的。最棒的是，这些洞察是实时获得的。因此，营销人员基本上不需要等待就可以采取行动，产生最大的影响力。而影响力本身是实时衡量的，因此也可以实时优化。这就是量子营销。从另一个层面来看，人工智能会彻底颠覆内容创作，它不仅在为现有资源和流程提供补充，甚至还会以巨大的力量迅速取而代之。借助人工智能，营销人员可以随时掌握营销生命周期每个阶段的最新动态，理清头绪，采取行动，取得绝佳的营销效果。

- **区块链**：如今，营销价值链上有许多中间商。价值链应该是在每个阶段都能创造价值的一系列流程或活动。在许多情况下，之所以需要这些中间商，是因为付费购买广告服务的营销人员与合作方之间缺乏透明度和信任。例如，如果营销人员在数字空间投放广告，他们需要知道广告有没有在广告位上展示、广告可见性是否良好、广告浏览量是否真实等。为了核查所有这些方面，各种广告技术公司和其他公司应运而生，如雨后春笋般涌现。这些公司都是收费的。这意味着一部分营销费用本来可以支付给展示广告的媒体，现在却付给了这些中间商。区块链可以解决这个问题，不必要的中间商或多或少会消失，品牌方与媒体之间会直接签署数字合同。这些合同是不可篡改的，它们会根据广告展示的方式、时间、位置和形式而自动更新。此外，区块链也有助于验证产品真实性，打击伪造和仿冒。

- **5G**：对营销人员来说，5G 带来的变化好比三轮车和摩托车的区别。这是极其强大的电信协定，会助力其他技术的运作，例如物联网、具有自动驾驶功能的网联汽车、现场全息投影和混合现实。5G 会对营销人员产生巨大的影响。

这将是营销人员第一次能围绕产品和服务，远程实时部署沉浸式虚拟现实或 3D 体验。传感器采集到消费者的行动，发出信号，供营销人员采集和处理，随时随地分析和部署适当的营销战术。有了 5G 网络，许多其他新兴技术都会成为可能。

其他新兴技术

- **增强现实**：增强现实技术会为营销人员的手段增添新的维度，让他们能在实体或虚拟环境中加入更多层次的信息，大大提升消费者体验。例如，我走在街上，掏出手机，不仅能在屏幕上看见前方的道路，还可以看见虚拟的旗帜或横幅，了解到哪里有咖啡店，哪里有特别优惠，哪里能畅享万事达卡打造的"无价体验"。这样一来，消费者互动就上升到全新的境界。

- **虚拟现实（VR）**：从 2D 屏幕到 3D 模式，企业一直致力于为消费者打造沉浸式体验，力求现实逼真、动人心扉。有了无线 VR 眼镜和头戴式显示设备，虚拟现实会为内容开启全新的维度，品牌在传递信息和赞助方面也会有新的选择。此外，在 5G 的支持下，营销人员能在适当的场景下实时触达消费者。例如，一家旅游公司想要向消费者推介一个旅游胜地，它可以根据消费者的兴趣倾向，即时把这个旅游地的 VR 视频发送给消费者，让他们享受到沉浸式体验，欣赏这里的动人景致。比起观看几张照片，观看普通视频所带来的冲击力会成倍上升；而比起观看普通视频，观看 VR 视频所带来的冲击力又会成倍上升。因此，随着技术及设备的更新迭代，销售量和转化率将会大大提升。

- 3D 打印：目前，3D 打印技术仍处于相对新生阶段。3D 打印机不断更新换代，变得更便宜、更快捷、更通用。3D 打印的应用蔓延到许多领域。有了 3D 打印，就可以现场打印，而不必从其他地方运输，这种做法会改变供应链和分销链。有了 3D 打印，研发人员也能快速开发产品，而营销人员则能快速测试，真正实现量子营销。

- **具有自动驾驶功能的网联汽车**：当你阅读这本书的时候，这种汽车已经面世了。消费者开着自动驾驶汽车，会有更多时间留意驾驶以外的事物，也希望找点自己喜欢的内容打发时间。一家快餐公司会希望在消费者突然想吃东西时就出现在他们面前；一家信用卡公司希望在这时充当支付工具；一家媒体公司，则希望在视觉和听觉上吸引车内消费者的注意力。结合 5G 和其他技术，自动驾驶汽车会成为移动客厅或移动办公室，这会为营销人员开启许多可能。

- **物联网**：几乎所有电器都在联网。万事达卡有一句有名的话："每一件联网设备都是商业设备。"我还想更进一步地说："每一件联网设备都是营销设备。"不久之后，消费者就能跟冰箱、洗衣机、洗碗机、温控器等电器说话了，而这些设备还会应答。营销人员可以借助这样的新媒体，以高度场景化的方式触达消费者。

- **智能音箱**：严格来说，智能音箱属于物联网设备，但考虑到这种设备正快速普及，在此单列讨论。25% 的美国家庭已经装上了"谷歌家庭"（Google Home）等智能音箱。消费者通过语音交互，进行搜索、询问，设置闹钟和提醒，获取信息和娱乐，甚至还可以购物。这些智能音箱彻底颠覆了现有的消费者购买漏斗。由于在非视觉环境下，消费者看不见实物，营销人员需要思考如何呈现品牌。对此，万事达卡开创性地推出了品牌专属声效，我们在下文中会详细介绍。

- **可穿戴设备**：可穿戴设备如今取得许多发展，例如可以追踪人体重要健康指标，提醒你站起来，甚至显示你的心情。这样一来，可穿戴设备就成了营销人员收集数据和沟通的有效工具。这是截然不同的生态系统，它有自己的标准和细微之处。就像物联网一样，参与者现在有了全新的机会，可以统一生态系统的标准，让营销人员和消费者之间有效而高效地互动。

- **机器人和无人机**：无论是在工业还是在消费领域，机器人和无人机都可以带来重大的颠覆性变化。在美国等多个国家，多家酒店已经在用机器人提供客房送餐服务，或者给客房送洗漱用品和小摆设。这种做法正在快速普及，雅乐轩酒店（Aloft）、希尔顿酒店（Hilton）和皇冠假日酒店（Crowne Plaza）都投资了机器人服务，并进入了部署阶段。在日本，肯德基（KFC）餐厅用上了机器人服务员。亚马逊（Amazon）[①] 和美国联合包裹服务运送公司（UPS）

---

① 达雷尔·埃瑟林顿（Darrell Etherington）：《亚马逊"金牌空运"（Prime Air）无人机配送获美国联邦航空管理局（FAA）批准进行商业试飞》，"科技关键"博客，2020 年 8 月 31 日。

都即将启用无人机送货。这两项技术都会在短时间内对配
送和物流领域产生深远影响，帮助营销人员大大提升第 4
个 P（渠道，也就是分销）的效率。

除了上述颠覆性技术创新之外，整个社会和系统还会发
生深远的变化，为营销生态系统和实践带来颠覆性冲击。因此，
大多数传统方法都将失效。在后面的章节中，我会详细介绍。

以下是其中某些方面：

- 忠诚度的概念会彻底改变。消费者会认清应怎样看待自己
  与品牌之间的关系，并迫使品牌接受这样一个无可辩驳的
  真相。

- 广告会发生巨大变化。量子体验式营销等概念会出现，触
  达超级互联的消费者并满足他们的需求。

- 广告公司会受到颠覆性冲击。事实上，整个广告生态系统
  都会发生转变，新的商业模式将会出现。

- 市场营销将会细分。鉴于这个领域错综复杂，而业外人士
  对营销起到的作用以及可以起到的作用相对缺乏了解，营
  销部门将会先细分后综合。

- 企业宗旨会成为市场营销不可或缺的一部分，也会成为从指引企业采取正确的政治态度，转为指引企业前进方向的重要的"北极星"。市场营销也会使企业宗旨焕发生机。

- 伦理和价值观会变得十分突出。信任会成为巨大的竞争优势。要建立和维系信任，必须扎根于伦理和价值观。

- 危机会更频繁地出现，风险管理至关重要。在危机事件和危机解决中，营销部门都会发挥核心作用。风险管理将成为市场营销的重要原则。

总　结

对营销人员来说，第五范式就像一个"外星球"。层出不穷的新技术，海量数据，可以捕捉的生活瞬息，采取实时行动带来的机会或威胁，消费者购买漏斗等传统理论框架的崩塌……这一切都会彻底改变营销格局。营销人员必须重塑其战略、结构和人才。

在第五范式中，品牌会利用新技术、新媒体、新框架和新洞察，为其产品和服务造势，与消费者互动，启发灵感。

消费者不仅期望获得优质的产品和良好的体验，还要求营销人员充分利用资源，营造出更公平公正的社会环境，促进环境的可持续发展，为社会做出积极的贡献。决定营销成功的关键因素在于：真实性；沉浸式交互和体验；实时营销；在整个消费者生命周期中以明智、体贴的方式营销；远程交付和管理所有事务，从物流、体验、产品演示，到培训和发展营销团队，随时了解掌握会对市场营销产生影响的前沿信息等，不一而足。

要在第五范式中生存发展，取得成功，营销人员必须持开放的态度，精通技术。营销人员必须掌握下文中谈及的技术及其应用。否则，他们很可能成为前言中提及的牺牲品。

对消费者来说，第五范式如同一个大迷宫，里面包括内容、信息传递、影像、新设备和自动化，其强度和复杂性都是前所未有的。凡是营销高管或专业学生都知道，不管是现在还是未来，市场营销都必须与消费者交会。这个十字路口会变得非常嘈杂拥挤，而这个十字路口就是第五范式。

第三章 | **重设市场营销的使命**

在第五范式中，市场营销与消费者交会的十字路口会变得异常繁忙。若有营销人员自认为不需要适当掌握新技术和数据分析就可以投身其中，那就是自欺欺人。但即使掌握了知识，要踏上这段新征程，还要完成一项重要任务——重设市场营销的使命和角色。我会在本章中讲述如何重设使命，并在后面的章节中探讨数据、技术和科学等方面内容。

30多年前，我毕业于印度管理学院班加罗尔分校。当时，市场营销是毕业生的首选。求职者视之为新潮、理想的职业发展路径，因为它可以为求职者提供绝佳的成长机会，工作充满创意，还有机会见证创新。营销部门肉眼可见地能对企业产生重大影响。

除此之外，这份工作薪酬丰厚，有机会出差，能增广见闻，工作上需要左右脑并用。事实上，大概只有在市场营销这个领域，一个雄心勃勃的年轻人才能巧妙地综合发挥创造力和分析能力，把自己的想法付诸行动，在市场上见证成果。这是令人心醉的体验！难怪在当年，大多数顶尖学生都把市场营销看作首选职业。

可是在过去30年里，情况发生了变化。市场营销这个职业好像没有那么光彩夺目、为人看重了。

许多企业把市场营销的角色细分，不断地削弱它的作用。这样做的并不是名不见经传的工业品牌或企业，而是享有盛誉的快速消费品公司。可口可乐甚至取消了首席营销官的职位（但好在他们后来意识到这个职位的必要性，又将其恢复了）。

我们不妨问一下自己，企业为什么会不断拆分市场营销的"4P"（产品、价格、渠道和促销），并将它们交给市场营销以外的领域管理。得益于菲利普·科特勒的开创性著作，在过去几十年里，一说起市场营销，大家就会想到4P。可是，如今在许多企业，营销部门不负责管理产品，不负责管理价格，不负责管理渠道（分销）。勉强余下的只有促销——营销部门最多是打打广告、搞搞推销而已。营销部门被剥离了这么多职能，也难怪有人要问，市场营销究竟是做什么的了。

这种现象并不少见。我和全球各地许多首席营销官聊过，发现在过去这些年里，这个趋势越来越明显，尤其是在过去10年。为什么会如此呢？

首先，移动技术爆炸式增长，互联网渗透率饱和，社交媒体的浪潮汹涌而来。换言之，市场营销的第四范式出现了。技术和数据突飞猛进，营销人员未能跟上。首席营销官通常更注重创意，更熟悉营销工作的创意部分，而对分析和定量方面较为陌生。因此，营销的艺术、美学和设计元素取得了惊人的进展。以前，这种做法对企业和营销部门都是有好处的。直到某一天，数据和技术朝营销人员席卷而来，而传统营销人员不太懂技术，也不太懂数据。

新一批技术人员深入营销领域，发现了未被开发利用的广阔天地，迅速赶上了传统营销人员的步伐。真正的数字营销诞生了，其发展速度、流程和方法完全超出了传统营销人员的专业范畴。这两类营销人员之间出现了巨大的鸿沟。一方面，传统营销人员更熟悉4P、市场定位、消费者购买漏斗，以及市场营销所有微妙的传统基本元素；另一方面，新的现代营销人员拥有截然不同的技能组合。他们对市场营销的传统基本元素不屑一顾，只关心数据、技术、实验和测试，以及高度自动化和程序化的运营。

即使在今天，你要是让传统营销人员解释一下程序化广告技术的原理，又或者某一种数字技术是怎么回事，许多人最多略知一二。再深挖一层，他们就彻底迷糊了。他们没办法做指挥，只能完全依赖第三方或其他技术达人。

其次，涌来的是数据和数据分析浪潮。由于营销人员和首席营销官不是技术出身，许多人并不了解也没有掌握数据分析的技术。要是有人丢来一大堆数据，他们就会手忙脚乱。在当今时代，要是营销人员不懂得处理和利用数据，不懂得数据分析，很可能与时代脱节。

营销人员的话语权日益下降的现象还有第三个原因。随着社交媒体的面世，市场营销出现了前所未有的民主化，小公司或个人可以有效地与规模很大的企业竞争。在市场竞争中取得重大成功，并非只是大企业的特权。任何人只要有出色的创意，能有效利用社交媒体，就可以在很短的时间内取得绝佳的知名度，产生重大影响，建立品牌，与大企业一争高下。这些发展都让传统营销人员猝不及防。世界发展太快，在新范式中，许多人的表现不尽人意。这种情况在第四范式中已经出现了！

第四，除了技术和人力成本之外，广告和营销支出通常是损益表上的一大支出项目。在此情况下，许多首席执行官和首席财务官会把广告和营销费用看作可多可少、可有可无的支出——"钱不够了，就把这笔营销费抽走"。如果营销人员不能清楚地说明营销活动是如何提升业务成果的，不能量化营销活动对企业的影响，就无法为营销部门应该拿到多少预算申辩。通常情况下，企业高管问到营销部门究竟为企业利润或营业额增长做出了什么贡献时，营销人员会张口结舌。这时他们就完了。

如果企业高管问到财务问题，他们的回答却是品牌知名度、品牌倾向、净推荐值和其他重要的品牌指标，听众就会失去兴趣，他们的可信度也会大打折扣。财务问题需要给出财务相关的回答。虽然品牌指标绝对是相关的、重要的，但通常来说，营销部门以外的人不怎么在乎。此外，品牌指标对企业业绩的影响被视为是中长期的，而促销和优惠可以在短期内对企业业绩产生影响。因此，首席执行官、首席财务官或企业损益负责人往往倾向于积极推动能促进销售的短期广告活动。他们的心态是，首先要在今天做出业绩才会有明天；明天的事情，明天再考虑。品牌影响力是长期的，是百年大计。但反正百年之后，我们都不在人世了，又何必为品牌操心呢？

同样，营销人员更看重广告和营销奖项。坦白说，营销部门以外的人根本不在意这些。大家没有时间和耐性去理会这些奖项，也不欣赏这些奖项的价值。但这些奖项对营销团队及其合作广告的公司是极其重要的，这是同行对他们工作成绩优异的认可和嘉奖。

我见过首席执行官和首席财务官提出尖锐的问题时，营销人员闪烁其词。这种回避的做法对他们自己、对营销部门都没有好处。这反映出他们缺乏相关技能和掌控力，同时这会侵蚀整个营销部门的可信度。于是，销售、财务甚至许多首席执行官很快就会给品牌和营销部门贴上"务虚"的标签，认为他们是可有可无的。营销人员要是不理解业务的基本和细微方面，就永远不能有效找准营销部门的定位，也不能为部门申辩和提出倡议。

许多首席营销官和营销人员往往认为品牌建设、品牌差异化、品牌定位和品牌营销是自己最神圣的责任。还有另一类公司，专注于绩效营销和运营营销等领域，着重于推动业绩，获得销售线索、客流量、销售转化等。绩效营销人员在企业内的处境通常要好得多，公司里的每个人都能看到并理解他们的行动与销售业绩之间的关系。可是，他们主要关注的仍然是每天、每周、每个月的绩效。在许多情况下，这些营销人员及其企业往往会忽略品牌建设。由于品牌建设是中长期活动，其效果并没有那么立竿见影。要想在品牌实力和品牌成长之间或者在品牌实力和业务维系之间建立联系，难度比较大。如果营销人员一味关注品牌推广，就会被视为华而不实，不懂业务。

在第五范式中，量子营销人员必然有四重使命：

- **品牌建设**。当今时代，品牌不仅是神圣的，而且对差异化、顾客感知价值和竞争优势而言至关重要。建立强大的品牌，对企业短期、中期乃至长期的健康发展发挥着关键的作用。无论业务伙伴是否充分认识到品牌建设的重要性，营销人员都是品牌的守护者，都需要为了企业未来的发展建设品牌。

- **品牌管理**。许多公司经过长期发展演变，合并了营销、传播或公关部门。毕竟，这些部门是连续统一体。市场营销是品牌为自己说好话，公关是让别人为品牌说好话。一个社交媒体帖子的出现，可能会左右品牌的兴衰。那么，这是数字营销或数字传播的责任吗？答案是肯定的！当今世界，负面言论泛滥，假新闻频发，许多品牌迟早要面对有人说坏话的情况。营销人员绝对有必要制订计划，捍卫品牌，保护声誉，以避免失去消费者的信任。无论是品牌建设还是品牌声誉管理，归根到底都是品牌管理，而这就是量子营销人员的核心工作。

- **促进业务增长**。我们不应该为了营销而营销，而是要促进可盈利的业务增长，这是营销部门非常重要的责任，绩效营销有助于促进整体业务增长。大多数企业都不是营销导向型的。在这样的企业中，除非营销人员主动承担起推动业务增长的责任，真正促进业务增长，否则别人是不会把他们当回事的。说句公道话，如果不能促进可盈利的业务增长，打造一流的品牌又有什么意义呢？无论正式的岗位职责中有没有这样写，营销人员都应该积极促进业务增长。

● **为可持续竞争优势打造平台**。量子营销的第四重使命是通过平台、合作和知识产权等，建立可持续竞争优势。这是非常关键的，也是营销人员的重要职责，尤其是在 4P 不全受营销人员控制的情况下，他们要能通过打造平台，利用营销资产、营销财产以及随之而来的知识产权，建立强大的竞争优势，形成品牌差异化，并长期、持续不断地维持差异化。换言之，要围绕企业及其产品和解决方案，挖掘出一条具有强大壁垒、宽深的"护城河"。

许多企业还没有为这四重使命（见图 3）做好充分准备。这些公司要么缺少精通技术的营销人才或领导，要么不具备相关能力和实力。针对上述情况，招贤纳士应该是每一位首席营销官的首要责任和工作重点。个同的营销人员具备许多不同的能力和长处，包括传统营销人员、现代营销人员、绩效营销人员和营销创新者。一家公司需要同时具备这4类营销人员，才能形成良好、健康的人才结构。此外，这4类人才还要集思广益、互通有无，学会驾驭多个领域，包括定量营销、定性营销、绩效营销、营销过程管理和营销创新等。

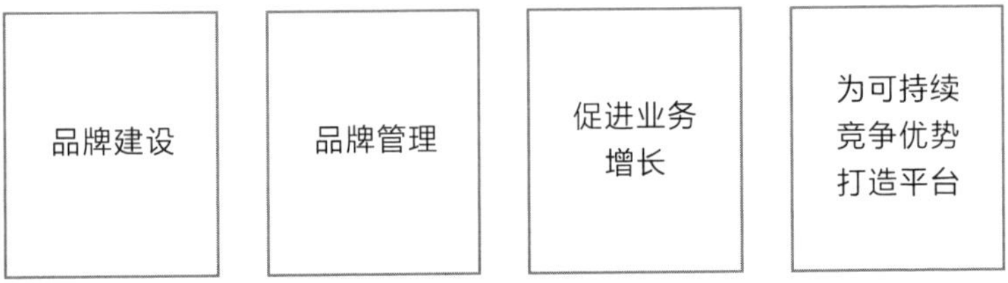

| 品牌建设 | 品牌管理 | 促进业务增长 | 为可持续竞争优势打造平台 |

图3　市场营销的四重使命

其中每一项能力都会让企业脱颖而出。在第五范式中，许多新技术接连面世，企业必须有懂技术的营销人员。除此之外，企业还急需科技人才、财务专员、采购专员、法务专员、数据分析师和风险经理，可以在营销部门内设置职位，也可以从外部获取支持。如今，市场营销只会变得越来越错综复杂。要保持灵活敏捷、行之有效，营销部门需要深入到所有这些领域的日常工作当中。营销人员是时候切实掌握所需技能，做好工作，展现出营销部门的价值了。

为未来打造好营销部门的根基，吸引怎样的基层员工是至关重要的。然而，顶尖的大学毕业生在求职时，通常希望加入硅谷、投行、咨询公司或自行创业，只有少数人会把市场营销列为首选职业。事实上，2019 年的一项研究显示，工程师、护士和销售是大学毕业生首选的三大职业。在市场营销相关职业中，最受欢迎的项目管理也只排在第 6 位。美国全国品牌方协会近期发布了一项有趣的研究，发现市场营销的现实状况与大学生的看法相距甚远。受访的大学毕业生纷纷表示，市场营销"只是广告和销售"。研究发现，许多学生根本不知道市场营销是什么，许多人甚至对市场营销有负面印象，觉得这是骗人的！这项研究启人深思，也骇人听闻。由此可见，世人对市场营销的印象有多么差。美国全国品牌方协会甚至提出了一项名为"营销市场营销"的举措。这项举措非常适切，也是当务之急！①

我们必须激发学生对市场营销的兴趣，也要让他们为这份职业做好准备。可是，许多工商管理硕士研究生教材所用的案例研究和材料已经过时了。当今时代瞬息万变，日新月异，

---

① 理查德·惠特曼（Richard Whitman）：《麦肯研究推动美国全国品牌方协会的全新人才招募工作》，《邮报》，2019 年 11 月 14 日。

学校绝对有必要为学生提供最新、最好的材料。许多营销学教授从业时，社交媒体还没有出现。如果他们能抽出一点时间，紧密观察几位首席营销官的日常工作，或许有助于他们了解当前业界的实际状况。此外，营销从业人员应该为大学提供最新的案例研究，帮助教授培养下一代营销人才。首席营销官和其他高级营销人员必须走进大学校园，与学生互动，展现营销部门的风采，真正激发学生对这一行业的兴趣。

哈佛商学院营销学教授苏尼尔·古普塔（Sunil Gupta）也有同感。他告诉我："近年来，市场营销发生了重大变化，它远比过往更多地依托数据驱动，也更为实时。只有时刻更新我们的知识，与站在变革前沿的行业领袖携手协作，才能让学生了解这些新的视角。"

没有其他哪个职能部门像营销部门一样令人振奋，有望释放无与伦比的机会和潜力。接下来的时间会非常有趣。现在加入市场营销行业，时机再好不过。我们需要让学生明白这一点。此外，无论在什么组织，员工在晋升为 C 级高管之前，都应该有营销的经验和经历。

同样，营销人员在晋升为营销高管之前，也应该在其他部门工作过，最好是有损益管理的工作经验，这是成功的秘诀。

我在职业生涯中，有幸有大约一半时间负责管理损益，另一半时间负责管理营销部门。我的首席执行官彭安杰初入职场时，做的是营销和销售职位，辗转多个业务管理职位，最终成为万事达卡首席执行官。彭安杰成了最成功的首席执行官之一，在他十多年的管理下，公司取得了巨大的发展和成功。他明白市场营销的重要性和价值。值得称赞的是，他强烈建议公司的每一位总经理在晋升为 C 级高管之前，必须有在营销部门的工作经历。这种做法会对企业文化产生深远的影响。

首席执行官必须由上而下推动这样的政策。首席营销官也要赢得首席执行官的信赖，证明营销部门的价值，尤其是在首席执行官不曾见证过专业硬核的营销部门是怎样推动企业业绩的情况下。

快速消费品行业的许多公司向来是营销导向型的。营销部门设定议程，而公司其他部门为之提供支持，共同推动企业取得成功。但在其他行业，营销部门往往是一个支持部门，而不是领导部门；议程是由业务负责人、销售主管或国家（地区）主管设定的。我们需要认识到两者的差别。要是这样一家公司雇用了快速消费品行业出身的人，这位新员工之前习惯了担当主导角色，加入新公司后做不了主，他（她）可能会觉得不适应。当今时代，营销人员需要明白，职场等级也好，谁来设定议程也好，都不是很重要，重要的是营销人员能为企业创造什么价值，做出什么贡献，产生怎样的影响。如果营销人员抱着这样的心态，绝对会有很多机会。要成为真正的业务合作伙伴，这是制胜的心态。

要真正重设市场营销的四重使命，当今营销人员不能再满足于做营销专员。量子营销人员需充分了解数据、数字技术、传播和公关、销售、业务动态、企业财务状况、增长驱动力等方面。他们的工作是所有这些方面的交会点，也涉及许多其他部门。总的来说，量子营销人员不能只做职能性的营销专员，而需要做全才的总经理并深入了解市场营销。他们需要有业务经理的心态，并且对市场营销有深入了解和强烈倾向。他们要持续鼓舞人心，激励团队打破条条框框，大胆构想，在有需要时为团队提供指导。

有一次，一位首席财务官问我："市场营销有什么了不起的？"在他看来，营销人员只要把诉求告诉广告公司，支付费用，审批广告公司提出的绝佳创意就够了，也仅此而已。不幸的是，要是其他部门的同事完全不了解市场营销是什么、可以做些什么，则很难让他们改观。可是，营销人员有责任教育、说服同行和同事，巧妙地向其施加影响。要快速地向企业证明营销部门的价值，最有效的方法莫过于展示营销工作是怎样提升企业业绩的。

要真正重设市场营销的使命，首席执行官需要为之做足准备。有些企业在这段征程上走得更远、更成熟，并且也在沿着正确的方向发展。还有些企业比较落后，需要尽快赶上，巨大的变化已经近在咫尺。如果营销部门和企业不做好充分准备，竞争和市场力量的风暴会将其淹没。只要做好充分准备，找准定位，企业就可以真正释放出市场营销的巨大力量。

我们是时候恢复市场营销昔日光彩夺目、为人看重的境况了，就从设定清晰的使命开始吧。

总　结

+ 许多企业把市场营销的角色细分，削弱其作用。归根到底，这是由于传统营销人员未能跟上技术和数据一日千里的发展步伐。

+ 量子营销人员有四重使命：

  1. 品牌建设；

  2. 品牌管理；

  3. 促进业务增长；

  4. 为可持续竞争优势打造平台。

+ 首席营销官需要赢得首席执行官的信赖，与之建立关系，才能改变企业文化，让全公司都重视和利用市场营销。营销部门获得充分授权之后，就有望为企业释放巨大的潜力和价值。

第四章　数据的两难

营销人员设定了合适的使命之后，下一个工作重点就是为之注入活力，并予以执行。要在第五范式中蓬勃发展、取得成功，营销人员需要掌握许多领域的专业知识。我会在本章和后面的章节中讨论这些方面，涵盖的领域包括技术以及营销背后的科学等。但首先，营销人员需要了解并掌握数据、数据分析和人工智能。数据是第五范式中的宝贵财富。我们一起来探索吧。

1994—2009 年，我一直在花旗银行工作。1995 年，花旗银行就在阿联酋成立了第一个数据分析部门。当时，数据分析主要用于新推出的信用卡业务，效果是立竿见影的。我们是最晚进入阿联酋市场的银行之一，但在短短一年内，就快速发展为当地市场的领导者，建立起稳健的业务，也实现了盈利。在那个时候，当地市场主要用的是现金，而我们推出信用卡业务，推动了品类增长和品牌增长。自此之后，我发现数据可以赋予市场营销巨大的力量：在我的营销手段里，数据始终是一项强大而又不可或缺的工具；在我做过的每一个行业里，数据分析都是一个制定强大战略并有效执行的最重要的驱动力。

在第五范式中，数据的作用要重要得多。而大多数营销人员都不是定量分析出身的。有鉴于此，我在本章会用简单易懂的语言，介绍营销人员需要了解的大部分数据相关知识。

美国信用卡公司运用数据分析，标志着数据分析在营销领域应用的成熟。美国信用卡公司每年会发出几十亿份直邮广告。每发出100万份，大约只有4000人会回复，回复率只有0.40%。换言之，99.6%的直邮广告直接进了垃圾桶。在某种程度上，这是"广撒网"（而非有效、精准、定向投放）的终极示例。

于是，他们开始探索挖掘潜在顾客的全新方式。这些潜在顾客不仅要更高频率地回复直邮广告，还要为企业带来最大的顾客的终身价值。这需要强大的数据分析，负责获客的营销人员有必要了解和有效利用数据的力量。那些善用数据的信用卡公司和银行具备强大的竞争优势。数据成了形成差异化、在市场上取得卓越表现的新通货。

随着企业级数据库的出现，营销人员更能方便地计算顾客与企业之间所有关系的终身价值。由此，他们就能制定基于关系的战略，而非基于产品的战略。

随着谷歌和各个广告平台的到来，营销人员利用数字渠道，开始真正体会到数据的力量。他们发现，借助数据有机会获取比以往更精准、定向、可行动的洞察。这有助于调整营销信息，打造高度优化的促销方案，促使消费者在众多品牌中选择自家品牌。除此之外，营销人员还可以在相关场景下向消费者投放广告，相当准确地测量营销投资回报率（Marketing Return on Investment，下简称MROI）[1]。显然，带来竞争优势的并非原始数据，而是处理、分析数据并就此采取行动的能力。

要做到这一切，需要时刻收集数据，更新数据库，清理数据库，尽量实时分析，令企业做出积极的反应和行动。要是营销人员能结合自己的数据（第一方数据）和购入的第三方数据，就可以大大提升洞察的质量和深度，以及改善营销活动的效果。

万事达卡人工智能执行副总裁罗希特·乔汉（Rohit Chauhan）做了很好的总结："数据就像海洋。你需要设法理清头绪，弄明白是怎么一回事。归结起来，数据有三类：描述性数据（发生了什么事）、预测性数据（会发生什么事）和指导性数据（消费者数据所处的维度）。为了说明这三者的区别，

---

[1] 原文如此。知网称"营销投资回报"为"Marketing Return on Investment（MROI）"。——编者注

我来打一个简单的比方。主要依赖描述性数据的企业就像看着后视镜开车。后视镜是有用的，但作用有限。使用预测性数据的企业会预测未来，为此做好准备，就像开车时透过挡风玻璃，看着前方的路。这是好事，但还有比这更好的，那就是在车上安装全球定位系统（GPS）！这就是指导性数据。GPS会告诉你在哪里右拐，距离目的地还有多远，前方是否出现了交通事故或道路隐患等，让你的行车效率和效能更上一层楼。"

这段话言简意赅、形象生动，说得太好了！指导性数据不只是看着后方和前方，还要去看视线范围以外的东西。

数据隐私

数据也是一把双刃剑。数据可以为营销人员带来洞察，帮助他们开展相关有效的营销工作。但如果数据没有得到妥善保护，也会侵害消费者的利益。例如，有人上医院做检测，一旦医疗数据泄露，这人可能麻烦就大了。如果数据落入潜在雇主之手，企业可能发现这人健康状况欠佳，担心其工作效率和表现，决定不予录用。

这样获取和利用数据，可能会对个人产生重大不利影响，也不公平地剥夺了他们的机会。因此，监管机构出台了许多规定，防范数据滥用和不当使用。在美国，《健康保险携带与责任法案》（Health Insurance Portability and Accountability Act，后简称为 HIPAA）保护所有健康信息，防止潜在的数据滥用和不当使用，以免破坏民众的生活。然而，许多国家至今仍未制定这种保护健康数据的法案，这一点既讽刺又悲哀。

不同行业在数据利用上处于不同的发展阶段。例如，即使在发达国家，医疗保健行业在数据收集、数据排序和数据共享方面，仍然处于摸索阶段。在理想情况下，患者在医院接受治疗，医生和临床团队应能查看患者完整的过往病史，获取其中的医疗数据。这样一来，医疗团队才能全面掌握患者的健康状况。不幸的是，各家医院的数据标准和系统各异，因而难以准确共享患者的医疗信息，也就无法确保医护人员做出明智的决定，为患者提供优质的医疗服务，实现最佳的疗效。

邦·塞考尔仁慈健康公司（Bon Secours Mercy Health）总裁兼首席执行官约翰·斯塔彻（John Starcher）表示："医疗保健行业正面临着巨大的机遇，可以利用数据，让供应商更加了解患者的病史，特别是慢性病患者。我们越了解患者的病史和生活方式，就越能利用创新治疗方案和预测建模，积极引导患者的行为，让患者保持健康，而不是等他们病情严重了才去治疗。数据整合可以帮助供应商提供最适当、最高效、最具成本效益的医疗保健服务。对所有医疗保健供应商而言，削减不必要的医疗保健成本是当务之急。"

那么，这跟营销人员有何关系呢？在医疗保健行业，若能结合健康数据和生活方式数据（包括我买了什么、在哪里用餐等），就能形成非常强大的观测数据库，帮营销人员设计出有效的信息传递策略，制订有效的激励和奖赏计划，为患者量身定制方案，帮他们培养和坚持健康的习惯和生活方式。

你的每一次呼吸，尽在传感器掌握之中

接下来，到了第五范式。如果营销人员觉得之前的数据大潮快要把他们淹没了，那么进入第五范式，他们会发现那只是小巫见大巫。联网设备无处不在，还会有更多类似的东西接踵而至。在很多方面，手机是一个传感器。我们用手机打电话、购物，甚至追踪健康指标，做各种各样的事情。手机是消费者看世界的虚拟窗口，也是营销人员了解消费者生活的虚拟窗口！

　　许多传感器已经上市了，即将上市的还有更多：智能灯泡［飞利浦（Philips）］、联网冰箱（三星）、智能洗碗机［惠而浦（Whirlpool）］、智能洗衣机和智能干衣机［美泰克（Maytag）］。还有可穿戴设备：带传感器的手表［苹果（Apple）］、指环［奥拉（Oura）］、纪念品挂坠盒［埃弗梅（Evermée）］、衣服［李维斯（Levi's）］和鞋类［阿迪达斯（Adidas）］，甚至还有联网睡眠监测器［奥利特（Owlet）］和联网坐便器（科勒）。还有智能温控器［谷歌巢（Nest）］、智能音箱（Alexa）和智能门锁［亚马逊旗下"门铃"公司（Ring）］。所有这些设备加起来，可以追踪你的一举一动、每一次呼吸……这让我想起了警察乐队（The Police）的那首歌①。

　　每一秒钟，消费者都在生成更多可供收集、排序和分析的数据。

　　数据生成量之大，速度之快，是匪夷所思的。为了将来企业可以及时反思整个数据策略和技术架构，同时明确哪些数据是相关的，哪些数据是杂乱不相关的，企业不能对数据过于

---

① 指警察乐队的《你的每一次呼吸》（*Every Breath You Take*）。这首歌的灵感源自美国政府当时推出的"星球大战计划"，歌词暗指监控会令民众的生活无所遁形。——译者注

贪婪，但也不能只看到当下的可能性，而忽略了世界日后可能出现令人意外的发展方向，从而错失机会。

获取实时数据很有用，但只有及时就此采取行动，才能发挥数据应有的作用。营销人员若能在相关场景下针对消费者当时的情况实时传递信息，并且避免让消费者感觉受到打扰，就有望从中获取很大的竞争优势。因此，营销在技术、架构和实施过程中需要做到以下几点：实时采集数据；汇总数据，合理、准确地绘图；分析数据，获取具体或一般的观测数据；把这些洞察与潜在行动联系起来；通过最适当的渠道采取行动；衡量广告活动是否有效果；随时更新更多数据；分析、清理和重复。在第五范式中，实时的数据同化和实时分析都是至关重要的，实时推进广告活动和执行能力也是不可或缺的。

数据生活的一天

接下来，我们形象地描绘一下，消费者一天的生活是怎样的吧……

早上醒来，睡眠监测器、可穿戴设备、联网床或智能手机等设备都确切地知道消费者的睡醒时间，并且会把信息传送到云平台。这些设备还会知道他的睡眠质量如何。消费者上洗手间，用互联网牙刷刷牙〔例如，宝洁（P&G）的联网牙刷会指引用户深入清洁难刷的部位，在牙釉质腐蚀的地方减轻压力〕，用联网电子秤称重〔例如，如果用户突然减重，威辛斯（Withings）的智能电子秤会发出提示，提醒消费者会有充血性心力衰竭的风险〕，使用装有大小便分析传感器和分析装置的坐便器（例如，飞利浦的智能坐便器会定期检查大小便样本，如有异常，会发出报告），使用联网花洒（例如，科勒的智能花洒可以测量用水量和水温，提出更好的节水方式，同时避免水温过高导致血压跌至警戒线下），从联网冰箱取出早餐（例如，三星的智能冰箱会在库存不足时提醒消费者及时补货，还可能根据食材消耗量计算卡路里）。联网烤面包机、微波炉和炉灶会结合从冰箱收集到的数据，交叉分析结果，验证食材消耗量和类型，分析消费者的总体饮食习惯，自动把数据直接发送到健康应用程序。

然后，消费者坐上了具有自动驾驶功能的网联汽车，开车去某个地方，汽车会神奇地告诉消费者可以到哪里买杯咖啡。原来，星巴克（Starbucks）知道消费者的行车路线上有一家自己的门店；事实上，这家门店的选址就是根据此前从自动驾驶汽车和 GPS 跟踪器收集到的交通数据决定的。消费者去买咖啡，星巴克的系统识别出消费者的面孔，于是，消费者不必为付款这样的琐事操心，这些任务统统在幕后就完成了。消费者终于到达目的地，步行前往办公楼，最近的广告牌通过三角测量数据知道消费者是谁，于是会向消费者展示附近限定本人当天使用的特别优惠［感谢美国高通公司（Qualcomm）］。是的，广告牌会自动展示专为这位消费者定制的广告。对营销人员来说，这一媒介跟从平板电脑或智能手机上访问的一般数字渠道没什么区别。这只是另一块新的多用途屏幕。

但这一切意味着营销人员需要承担巨大的责任：保护消费者隐私。2019 年，清算所协会（The Clearing House）研究发现，消费者普遍没有意识到企业在收集哪些数据。例如，80% 的消费者没有充分认识到，应用程序或第三方可能储存他们的银行账户用户名和密码，也不知道企业可以访问数据的时间有多长。再如，只有 21% 的消费者意识到，在注销银行账户的用户名和密码之前，金融应用程序都可以访问他们的数据。[①]

许多应用程序都涉嫌侵犯消费者隐私。一项来自某大学

---

① 《新研究发现大多数消费者并不了解金融数据收集实践》，清算所协会，2019 年 11 月 19 日。

联盟的研究显示，200 家供应商的移动设备预装了收集用户数据的软件。这些应用程序未经终端用户允许，就可以访问他们的麦克风、摄像头和位置功能。消费者可能全然不知自己的隐私正在受到侵犯，而这是非常危险的。①

企业争先恐后地采集消费者方方面面的数据，从日出到日落，甚至在其睡眠之中，昼夜不停。这是一个疯狂的世界，就像美国西部大开发时代那样野蛮、混乱，企业争先恐后地收集着消费者的每一丁点儿数据，勾勒出消费者画像——据称是经过消费者允许的。可是，消费者往往没有意识到，自己在毫不知情的情况下同意了许多不同的设备和服务供应商采集每一个接触到的数据点。通常情况下，企业会要求消费者在访问网站或应用程序之前，接受电子版的服务条款和条件，否则就不允许访问。这种做法或许是为企业提供法律保护，或许涉嫌不道德或剥削目的。但说实话，除了律师和极客之外，有谁会去看这些密密麻麻的文字呢？消费者出于懒惰、逆来顺受或别无选择，接受了这些条款和条件，也就等于把生活的隐私拱手

---

① 拉伊·沃尔什（Ray Walsh）：《多个组织签署隐私国际呈请批评安卓（Android）设备剥削性的预安装应用程序》，"隐私卫士"网站（ProPrivacy），2020 年 1 月 9 日。

相让。这是一个无隐私可言的"美丽新世界",但不应该是这样的。在后面的章节中,我会更深入探讨伦理问题。

传感器等技术会追踪消费者的数字轨迹。营销人员需要小心确保、公开透明地向消费者披露采集数据的目的。在一些恶劣的例子中,消费者交出了个人数据,而企业在消费者不知情的情况下,转手贩卖这些数据。想象一下,一个人把一小瓶唾液送去做脱氧核糖核酸(DNA)分析,想要了解自己的族谱或获取个性化的饮食和药物推荐。这人知道自己在与一家基因组检测公司分享 DNA,同意这家公司采集数据,但他不知道的是,这家公司会转手把数据卖给制药公司。[1]

许多应用程序会利用消费者的位置信息,展示定制广告。但这些应用程序没有说明的是,有些对冲基金会买入这些数据,分析消费者行为,更好地做出零售销售预测。[2] 在大多数情况下,这样出售的数据是经过匿名化处理的,这可谓不幸中的万幸。然而,这种做法还是不妥。

① 埃里克·罗森鲍姆(Eric Rosenbaum):《与消费者基因检测公司分享 DNA 的 5 大风险》,美国消费者新闻与商业频道(CNBC),2019 年 6 月 16 日。
② 惠特尼·克西亚泽克(Whitney Ksiazek),莱斯莉·皮克尔(Leslie Picker),尼克·韦尔斯(Nick Wells):《对冲基金投资者是怎样利用你免费送给他们的数据赚钱的》,美国消费者新闻与商业频道(CNBC),2019 年 4 月 23 日。

海量数据进入云平台。每过一秒钟，存储费用和处理费用都在下降。营销人员可以给数据排序、组织数据，通过实时处理得出无比强大而可行动的方案。

没有小型文本数据（Cookie）[1] 的世界

别忘了，隐私权是人权。苹果公司首席执行官蒂姆·库克（Tim Cook）在 2018 年非常坚定地重申了这一点。他概述了 4 项重要的隐私权：用户有权将他们的个人数据最小化；有权知道哪些个人数据正在被收集；有权访问个人数据；有权让个人数据得到安全储存。[2] 随着消费者对隐私保护越来越敏感，广告业开始发生重大变化。2020 年初，谷歌宣布在未来两三年内，在谷歌浏览器中阻止 Cookie 的使用。就在此前数月，苹果公司就已经宣布在苹果浏览器中阻止 Cookie。这对消费者来说是一大喜讯，对营销人员来说却是一大噩耗。（欢迎进

---

[1] Cookie 是网站为了辨别用户身份而储存在用户本地终端上的数据，可以记录用户对网站的访问情况。——译者注

[2] 切尔茜·贝莉（Chelsea Bailey），伊丽莎白·查克（Elizabeth Chuck）：《苹果公司首席执行官蒂姆·库克抨击脸书——隐私"是人权，是公民自由"》，美国国家广播公司新闻（NBC News），2018 年 3 月 28 日。

入第五范式！）没有了 Cookie，营销人员怎么去了解消费者行为，有效地定向投放广告呢？重定向广告策略又该怎么办呢？毕竟，许多类别的企业（包括零售业）都在投放重定向广告，以此获取利润。毫无疑问，这股主流浏览器阻止 Cookie 的趋势会对广告业造成重大冲击。

我们可以应对没有 Cookie 的未来，同时也希望保护消费者的隐私。虽然现在没有什么一劳永逸的办法，但有些组织正在努力解决这个问题。其中一个解决方案是数字身份标识号（Identity Document，下简称 ID）。消费者从"身份信任"（IdenTrust）[①]或"环玺"（GlobalSign）[②]等数字证书认证机构申请和获取数字 ID。企业征得消费者同意后，可以按照消费者的偏好，给这个 ID 打上标签，记录消费者线上和线下的不同行为，丰富或清理 ID 配置文件。ID 本身是高度加密的，而凡是与某个 ID 相关的数据，都有不同程度的加密安全保护。例如，某个消费者信用卡、财务或健康资料的加密程度，会远远高于他访问新闻网站相关数据的加密程度。生态系统、技术栈、安全协议管理程序、与服务供应商的安全连接等，都需要

---

① IdenTrust 是业内领先的可信任数字身份识别解决方案厂商。——译者注
② GlobalSign 是可信身份和安全解决方案提供商。——译者注

全新的可视化程度。还会有新一类的 ID 核查或验证组织。区块链上的个人区块中，可以存储数字 ID 吗？答案是肯定的。事实上，亚洲逾 57 家公司创立了"我的身份"联盟（MyID Alliance，下简称"MyID 联盟"），目标是把所有身份凭证和财务信息存储到个人区块链上①。

不同形式的类似解决方案正在出现。例如，多家公司可以把消费者访问公司网站后留下的第一方数据，存放到同一个"清洁"室中。于是，消费者标签中会包含不同来源的数据，为营销人员提供丰富的洞察，便于日后实现广告定向投放。业界会构想出多个类似的方法，把消费者隐私放到至高无上的地位，不用浏览器 Cookie 追踪消费者。但 MyID 联盟中的营销人员和媒体仍然能获取相关消费者数据以便更好地开展业务。

数字 ID 也给数据所有权问题带来了新的视角。消费者是否可以拥有访问数据的所有权限，甚至将其出售呢？或者至少是取得部分广告收入，以作为交换数据的代价？我们会越来越多地看到这种趋势。消费者不仅可以像现在这样，以数据和注意力交换访问权限和信息，还可以以此赚取收入。举一个

---

① MyID 联盟支持值得信赖的数字 ID 生态系统。

近期的例子：新推出的"勇敢"（Brave）浏览器承诺会保护消费者隐私，让消费者凭借数据和投入的注意力赚取奖励，在相对较短的时间内，它吸引了 1 000 万名用户。Brave 浏览器结合了广告拦截技术和基于区块链的数字广告平台。如果消费者启用奖励选项，就可以通过观看注重隐私的广告来赚取类似于飞行常客奖励的代币。此外，用户还可以设定每小时观看多少个广告。而这仅仅是开始而已。

数据的黑暗面

数据是强大的通货。如果政府获得了个人的所有数据，那会发生什么？那会不会是独立、自由和隐私的终结？如果获得数据的人滥用数据，那会发生什么？营销人员应该怎样保护消费者？如果发生了数据泄露事件，营销人员应该怎样秉持宗旨，采取行动，而不是给出一些诸如"在一年内接受征信局监督"这种愚蠢又不尽人意的解决方案？

数据的黑暗面在"暗网"中找到了安乐窝。"暗网"是普通浏览器无法进入的，必须用洋葱（Tor）浏览器访问，上面充斥着非法商品和服务。这是一个邪恶的市场，用户可以在上面浏览信息和做非法买卖，从违禁品、武器，到用于破解个人数据并敲诈勒索的工具和服务等，无所不包。不法分子破解个人电邮、账户号码、身份凭证和其他相关信息，放在"暗网"上贩卖。这可能会给个人造成毁灭性的影响。他们可能会被人冒名顶替，骗取信贷额度和贷款；或是由于被人冒名顶替做出犯罪行为，而需要向司法机关解释。在被盗取电邮和机密信息之后，他们可能还会被敲诈勒索。无论如何，这都是极为可怕的。

这些不法分子不仅对消费者构成威胁，还对企业构成威胁。2019年底，22岁的北伦敦人凯雷姆·阿尔巴伊拉克（Kerem Albayrak）声称取得了苹果云服务（iCloud）庞大的账号数据库，因而向苹果公司索取 75 000 美元加密货币或 100 000 美元苹果数字媒体商店（iTunes）礼品卡的赎金，以换取被盗的数据库的副本。他因犯下勒索罪，被判处有期徒刑两年。[①] 但有多少消费者或小公司像苹果公司一样财大气粗呢？

面对数据滥用乱象，营销人员必须意识到，如果他们收集的数据得不到妥善保护，就会对消费者造成影响。企业在收

---

① 杰西·霍林顿（Jesse Hollington）：《勒索苹果公司、威胁要删除 3.19 亿个 iCloud 账号的黑客被判处有期徒刑两年》，"iDrop 新闻"网站（iDrop News），2019 年 12 月 26 日。

集数据的同时，有责任捍卫数据安全。

《通用数据保护条例》
《加州消费者隐私法案》及其后续

有些政府在努力制定数据政策。欧盟颁布了《通用数据保护条例》（也称《全球数据隐私条例》，Global Data Privacy Regulation，下简称 GDPR）。这是隐私领域的首个同类型重大立法。简言之，《通用数据保护条例》有两个基本概念："同意"和"隐私保护设计"（Privacy by Design）。隐私保护设计是当今所有企业在研发产品和建设网站时，都应该采取的方法。它是指把数据收集最小化，把安全措施融入产品设计的每个阶段中。而所谓取得同意，是指企业在处理用户数据之前，必须取得用户的同意；必须以清晰简单的语言解释其数据收集实践的目的，并取得用户的明确同意。①

毫无疑问，《通用数据保护条例》原则上是好的。身为消费者，我们应该有权知道自己有哪些数据正在被收集，有权决

---

① 西蒙·福格（Simon Fogg）2019 年 9 月 20 日在"定期"网站（Termly）发布："《通用数据保护条例》傻瓜指南：给《通用数据保护条例》初学者的简单指南"。

定是否同意第三方收集我们的信息，有权被遗忘，有权要求从任何地方删除个人数据。

加利福尼亚州遵循类似的原则，颁布了《加州消费者隐私法案》（California Consumer Privacy Act，下简称 CCPA），在2020 年初生效。在全球各地，出台类似法律的呼声越来越高，当局应加强对这个领域的立法和执法。

企业必须与政策制定者紧密合作，为保护个人数据权利制定规范；同时，也要确保政策切实可行，敦促企业遵守。我们需要设法让不良行为者无所遁形，不然他们可能会破坏整个生态系统。凡有违反隐私标准者，不管是在国内还是海外，都必须受到应有的惩罚。我们还需要确保政府自己不会滥用数据。我们都知道，美国政府曾经企图迫使苹果公司"开后门"，协助政府解锁恐怖分子的苹果手机。政府并无恶意，只是想要追查更多恐怖袭击线索，防止下一次恐怖袭击，其用意是崇高的。可是，蒂姆·库克的话也不无道理：假如苹果公司开了这个"后门"，也就等于为所有黑客开了门，苹果手机生态系统内每个人的安全都会受到威胁。那么，我们应该在哪里划定界限呢？这个世界错综复杂，没有简单的解决方案。

数据民主化和开放式营销

另一个充满了利弊权衡的政策领域，是数据民主化的一个方面。想象一下这个重要的情境：欧盟政策制定者决定，银行应该在获得消费者允许的前提下，向金融科技公司和其他公司开放消费者数据，以创造公平竞争的环境，推动创新。这里的首要前提是，与消费者交易相关的数据属于消费者，他们可以要求银行共享信息。"开放银行"的概念由此诞生，改变了银行业和金融科技领域。巴克莱银行零售银行和支付业务首席执行官阿肖克·瓦斯瓦尼（Ashok Vaswani）说道："市场格局发生了重大变化，游戏规则也改变了。每个人都需要反思其市场进入的策略。以前，我们总是让顾客来找我们：上银行网点，拨打我们的电话，访问我们的网站或应用程序。现在，不管顾客在哪里，我们都可以直接找到顾客，这是以前做不到的。老一套的方法已经过时，'激光导航'的高精准战术将取而代之。从战略、人才到服务能力和技能组合，企业和营销人员必须反思方方面面。"

同理，"开放银行"的概念可否延伸到营销领域，即形成

"开放式营销"呢？这意味着亚马逊、谷歌和脸书等大企业可能需要与其他公司共享数据，包括消费者的交易、发帖、搜索等，以此改变目前几家数字巨头垄断的局面，营造更加公平竞争的环境，让其他公司可以更有效地参与竞争。无论是在整个生态系统还是特定领域，这肯定是未来的大势所趋。这是一个激动人心的新维度，它将界定量子营销。

总　结

+ **扮演主导角色**。再也没有其他专业人士像营销人员一样，每天能收集那么多消费者的数据。数据生态系统维持运作，一大部分是由营销费用支撑的。因此，营销人员必须扮演主导角色，推动转变，而不能坐在角落里，让其他人决定未来。

+ **勤于学习**。营销人员需要了解整条价值链上的现行政策和法规，需要了解数据是怎样实时收集、组织和分析的，包括有人工智能帮助和没有人工智能帮助的情况。营销人员不需要在一夜之间成为数据专家，但要勤于学习，至少要能提出正确的问题，得到正确的答案。

✦ **投入时间和精力，在公司内外建立合适的合作伙伴关系。**
营销人员要与负责管理数据基础设施和流程的信息技术
部门的同事以及法务部门同事深入合作，以便稳健、安
全地驾驭这个复杂的生态系统。营销人员的责任不仅限
于保护公司内部的消费者数据，还包括保护供应商代表
公司收集、分析和利用的数据。营销人员需要了解他们
是否有必要的资金，有能力保护消费者数据免受攻击、
泄露和损害。代表他们处理数据的广告公司也是如此。

✦ **小心被"忽悠"。** 海明威（Hemingway）曾经说过，作
家最重要的素质是要有内置的"忽悠"探测器。数据也
是一样的。尽管每家供应商都声称自己的解决方案是由
人工智能支持的，营销人员也要让供应商用更简单明了
的语言解释清楚，以便分清"噪声"和"信号"。如果
营销人员自己不是专家，就需要向专家求助。

✦ **不要被行业术语冲昏头脑。** 预测编码、变革性的协同效
应、未开发的纵向营销机会、深度神经网络……拜托！
营销团队需要既懂数据又会"说人话"的人才，而不是
满口行业术语、让人云里雾里的"专家"。只有这样，

团队成员才会感谢你!

✦ **在营销部门内部配备懂数据的人才。** 没有人规定营销部门不能配备数据专家。没有人规定营销部门不能配备人工智能主题专家或具有技术经验的团队成员。让团队成员接受非常深入的数据培训吧。

✦ **运用隐私保护设计标准。**《通用数据保护条例》提出了隐私保护设计的概念。这意味着企业在所有项目的设计阶段以及相关数据流程的生命周期中,都必须考虑数据隐私。[①] 请遵循这个方法,执行这个原则。营销人员,你以后会为此感谢自己的!

✦ **保护数据安全。** 每一秒钟,全球各地的所有数据库都受到黑客攻击,数据安全问题非常严重。确保网络安全和信息安全应该是每个组织、每位营销人员的首要任务。

✦ **紧跟行业发展动态。** 我每周至少会腾出 6 小时学习和了解行业消息。归根到底,改变会产生影响。只有做好准备,才不会乱了手脚。要持续关注行业的最新发展。花费这个时间、投入这个精力,是非常值得的。

✦ **量化,量化,还是量化。** 即使你有一个面向未来的人工

---

① "隐私信任"网站(Privacy Trust),2018 年发布《通用数据保护条例》的隐私保护设计。

智能程序，如果你不去勤勉地量化营销部门的行动，公司也不会了解营销部门为销售量、整体营业额或整体业务做出了什么贡献。请勿用定性的论点，甚至营销专业术语为营销部门申辩，这种努力是徒劳的。口说无凭，请准备好可信的数字。

+ **别只顾数据，而忘了创意。**别忘了，市场营销做的是品牌、业务和竞争平台。技术和数据绝对是优先事项，但不能为此忘了创意、直觉和判断。

另外，还有两件事很重要。首先，提出犀利的问题。营销人员需要自问，希望别人怎样使用自己的数据。然后，他们应该站在营销部门的角度，遵循这些原则，遵守法规。如果对数据的利用感觉不对，那就是不对的。

其次，主动出击。数据赋予我们力量，让我们可以公平公正地对待消费者，在相关场景下，有效地为他们提供服务。最可喜的是，营销人员可以为消费者提供他们最想要的优惠。在数据大舞台上，营销人员不能靠边站。

第五章　人工智能：
量子营销的终极助推器

马里奥·克林格曼（Mario Klingemann）自称为怀疑论者，至少在苏富比（Sotheby）艺术品网站上是这么写的。他的一幅作品叫价 40 000 美元。世人把他的作品与荷兰大师的相提并论，他因"作品中的美学原则"而备受赞誉。是不是怀疑论者，口说无凭，要看行动。克林格曼不是画家，他在艺术界的成功并非来自画笔，而是来自算法。克林格曼是真正的人工智能大师。

像他这样的故事并不少见。斯科特·伊顿（Scott Eaton）用人工智能算法雕塑出栩栩如生的人体。雷菲克·安纳多尔（Refik Anadol）利用机器智能，基于海量数据集（例如世界各地的气温），创作出令人惊叹的艺术品和建筑。

有关人工智能及其对全世界产生的影响，已经有过很多口头和书面讨论。有些纯粹是噱头，有些纯粹是噪声，有些是真实而令人惊叹的。

但在剖析人工智能之前，我们来回顾一下本书的核心概念。就我们讨论的目的而言，"量子"有两个含义。首先，这意味着过去的模式不能用于解释未来的现实。其次，量子营销的速度、规模和影响力是前所未有的。在新范式中，没有什么比人工智能更适合这个概念的了。

在第五范式中，人工智能会带来彻底的颠覆性冲击。但我们先从数据的角度快速回顾一下这五个范式。在第一和第二范式中，我们今天所认识的数据并不是市场营销强大的驱动力。在第三范式中，互联网呈爆炸式增长，消费者行为数据规模增长，并得到广泛采集。此前在计算机领域部署的数据分析进入了营销领域。从精准定向投放到投资回报率计算等，数据分析的新科学给营销人员带来强大的助力，把市场营销提升到全新的科学层次。

在第四范式中，联网的移动设备随处可见。随着社交媒体平台的出现，整个营销模式发生了翻天覆地的变化，营销方式也必须做出重大改变。社会化营销、影响者营销、基于地理位置的营销等领域崛起。市场营销再也回不到过去。在第四范式中，数据生成的速度是惊人的，数据和数据分析相关的服务能力变得高度民主化。这意味着就连小公司也可以有效利用数据的力量实现跨屏定向投放，测量广告效果，调整投放方式。在此之前，只有成熟的大企业才能凭借较大的规模和雄厚的资金实力做到这一点；如今，小公司也能与之一较长短。今后，公司规模和资金实力不再是以数据分析做营销的必要条件。对营销高管来说，还有比这更好的消息吗？

人工智能的到来把一个简单的概念（消费者数据）提升到了难以想象的高度，这是第五范式的明显特征。第五范式中的人工智能就像数据的大型强子对撞机，能引发受控的爆炸，得出惊人的结果。

我听过一些营销人员说："我为什么要懂人工智能呢？ 我不需要懂电学，也不需要知道发电的原理，只要知道开灯灯会亮就行了。"

好的营销人员都应该学习人工智能。这不只是普通人开灯这么简单。人工智能会彻底改变市场营销的方方面面。如果营销人员不懂人工智能的原理，不了解人工智能带来的可能性，就会错失良机。人工智能永远不会取代营销人员，但善用人工智能的营销人员会取代抗拒人工智能的营销人员。人工智能发展至今，已经在营销场景中投入应用，营销人员需要学习并掌握相关知识。知名设计师查尔斯·伊姆斯（Charles Eames）说道："永远不要把理解委托给别人。"

现在，有许多公司突然冒出来，声称自己的解决方案是由人工智能支持的。营销人员需要知道哪些是可信的，哪些只是做做样子，至少要掌握一定程度的基本知识，明白对方究竟在说什么，分辨是真是假、有没有价值，决定是否要部署这个方案。同样，营销人员也要敦促团队成员学习了解人工智能，掌握最新动态。

人工智能是什么？

所谓人工智能，是指通过训练机器，让机器拥有像人一样，甚至比人更强的思维能力。这包括各种各样的识别、推理、判断和决策等能力。人工智能分为 3 类：弱人工智能、强人工智能和超人工智能。

在弱人工智能中，机器的能力局限于单一领域，比如识别图像。这台机器只有这一项能力，别无其他——就只能识别图像，而不能识别语音。

另一方面，强人工智能的功能更多，能力更广泛。强人工智能与人一样，能在多个领域思考和执行任务，包括识别语音和图像、做出判断、写诗，还有创作广告等。

顾名思义，超人工智能是指机器具有类似于人类的思维能力，但远比人类思维更为优越。在某些领域，机器的学习、思维能力和表现都比人类更强。此外，此类机器不需要人工干预，就可以独立完成这些工作。

这个领域的多位领军人物一致认为，强人工智能和超人工智能还是遥远的目标，可能在未来几十年里都无法实现。另一方面，弱人工智能已经面世，发展速度一日千里。大家说起人工智能，一般是指弱人工智能。这也是本章讨论的重点。

我们来看一下大家现在经常挂在嘴边的另外两个词，掀开其神秘的面纱。

- **机器学习**。在传统计算机编程中，程序员会逐步编写明确指令，指挥计算机执行任务。程序员会为每一步编写代码，机器只需要简单地遵照执行。而机器学习是指机器或计算机（准确来说，是机器的算法）受过训练，可以从之前的数据和例子中自行学习、执行任务。例如，我们要训练机器识别狗，会向机器展示一张狗的照片，机器会为这张照片打上"狗"的标签。然后再来一张，又一张，如此类推。此外，我们还会向机器展示没有狗的照片。如果机器给一棵树的照片打上"狗"的标签，我们会告诉机器这并不是狗，机器就会知道这张照片里没有狗。在一段时间里，机器会接触到无数张狗的照片，然后它就能准确地识别哪张照片里有狗，哪张没有。在我看来，这基本上就像我们教婴儿识别狗一样。我们可以教机器识别任何图像，辨认里面是什么，甚至发展到辨认出谁是谁、谁不是谁。人脸识别显然就是这样一个应用。但由于这台机器只接受了图像识别的训练，因此它只会执行这一个任务。要执行其他类型的任务，就需要另一台机器。

- **深度学习**。我认为，深度学习就像升级版的机器学习。在深度学习中，机器有一层层的神经网络，它们输送和处理数据的方式与机器学习不同。深度学习在语音识别、模式识别、图像识别等领域极其有用，准确度和速度极高。

人工智能的妙处在于它处理典型问题的方式。例如，2+2=4。这是正确答案。现有算法可以轻松计算出来，但人工智能可以从输入的数据和答案中得出方程式。对目前常见的算法来说，电脑可以通过输入的数据和数学方程式快速得出结果。而对人工智能而言，电脑则可以从输入的数据和结果里得出数学方程式。在得出方程式之后，如果再有新数据，人工智能就能极其准确地预测出结果。这种全新的方法非常厉害，可以为营销人员带来深刻的洞察。

用市场营销的说法，人工智能可以让营销生命周期的每一步都变得更为丰富。人工智能为海量数据带来了此前不可能实现的深入理解。例如，在人工智能诞生之前，我们会做相关分析或因果分析，从而弄清楚为最大限度地提升转化率，哪个促销方案最好，打几折最为有利，诸如此类。在传统营销中，想要找到答案，就要靠调研、试销、因子分析、过往广告活动响应指标、过往促销指标等。然后，我们会提出可实施方案，决定哪种促销最为合适，打几折为好。近年来，我们又加入了A/B测试和快速分析，以决定哪个方案有效、哪个方案无效。

但这些分析通常是在细分市场（具有共同特征的一群消费者）或汇总层面上做的。例如，一家公司打不同的折扣（比如9折、8折、7折）来测试哪个打折方案效果最佳。每个打折方案给销售量带来的提升可以汇总计算，然后进行简单的成本效益分析：为了提高转化率，这家公司放弃了多少利润？如果打8折的方案转化率可以提高8%，打7折的方案转化率可以提高10%，这家公司可能得出结论，打8折的方案更符合经济效益。这样一来，经过反复测试，这家公司可以决定最优折扣率。

但记住了，这是某个细分市场的最优折扣率，而不是这个细分市场中每个人的最优折扣率。例如，在我所在的细分市场，或许营销人员决定打 8 折是最佳方案，但打 9 折我就会买了。于是，这家公司白白给我多打了折。而利用人工智能，这家公司可以分析我过往的行为、目前在这个产品品类购买的倾向，以及我对其他产品品类的购买行为，以此分析我对折扣和折扣率的总体态度。这个分析是实时进行的。这家公司能给我推送高度个性化的优惠，为我和企业带来双赢。

有了人工智能，企业可以搜遍无数个数据库，从海量数据中得出模式和关系。而单凭传统的数据分析，这是不可能实现的。

进入第五范式，数据生成和收集的速度是前所未见、不可预测的。其中一个主要驱动力是传感器。传感器会持续不断地收集和传出数据，在目前生成的数据之外又增添一个新的维度，它会成为量子营销的一大使能工具。

在第五范式中，什么都有传感器，从手表到鞋子、汽车、高尔夫球杆、温控器……林林总总，不一而足。每一秒钟，传感器都在采集数据。这么多数据输入人工智能机器，从全域数据得出美妙的模式和洞察。营销人员有机会从中获得洞察，实时采取行动，在最适当的日常场景下触达消费者，为他们提供高度个性化及高度相关的产品、服务、促销和信息。企业可以无缝地从一个进入市场的机会转到下一个进入市场的机会，同时避免打扰消费者，免得招人反感。

人工智能会影响到市场营销的方方面面。我们刚讨论了两个领域：一是洞察，二是打造高度个性化而又相关的广告活动。接下来，我们看一看其他几个领域。

聊天机器人

由人工智能支持的聊天机器人日益发展，变得越来越像人。借此，品牌可以生动地与消费者交流并提供服务，经济效益也同样诱人。例如，企业通过部署人工智能，可以减少人事和相关支出，预计到 2022 年，每年可省多达 80 亿美元。[①]在量子营销中，通过聊天机器人部署人工智能会成为常态。

虚拟助手

聊天机器人只会查看公司数据库，给予回应。而虚拟助手可以从互联网等来源查询外部数据，查询范围要广得多。在这

---

① 卡伦·吉尔克里斯特（Karen Gilchrist）：《预计到 2022 年，聊天机器人可为企业节省成本 80 亿美元》，美国消费者新闻与商业频道（CNBC），2017 年 5 月 9 日。

些虚拟助手中，人工智能的部署程度更高。亚马逊旗下的"智能音箱"（Alexa）、谷歌旗下的"谷歌之家"（Google Home）和苹果旗下的"西丽"（Siri）都是大名鼎鼎的虚拟助手。我们在量子营销的世界中会看到，虚拟助手随处可见，即使是没有硬件或设备的品牌也是如此。如今，各行各业的许多公司已经在部署虚拟助手，为现有的人工礼宾服务提供补充，甚至取而代之。在第五范式中，虚拟助手会广泛应用，质量会大大提升，也会成为营销渠道不可或缺的一部分。此外，虚拟助手将会在医疗保健、教育和政府等新领域华丽亮相。

搜索

谷歌和同类公司在搜索引擎中部署了人工智能。这些公司的人工智能变得越来越"聪明"，搜索结果也更加高度相关，完全符合消费者的需要。对大多数品牌来说，能在搜索结果中出现，是品牌生死存亡的关键。随着搜索过程变得越来越智能，营销人员也需要调整搜索引擎优化（Search Engine Optimization，下简称 SEO）算法。

定向投放和个性化

人工智能可以通过预测的算法得出结论，也就可以帮助企业向目标客户精准地投放定向广告。不仅如此，人工智能还可以帮企业针对特定的潜在客户，打造最适合的优惠或信息。

媒体购买

媒体购买领域已经在应用人工智能。随着可穿戴设备、物联网、智能音箱等发明面世，媒体选项越来越丰富，媒体购买的复杂性也与日俱增。人工智能在营销生态系统的运作中扮演主导角色，甚至独力支撑生态系统的运作。多家媒体代理商的传统角色已经受到影响。这个趋势还会加速发展，新的角色将会浮现，新的营销过程和动态会随之而来。

内容创作

如今，信息已经泛滥，还有许多信息是假的。例如，在一个假视频中，奥巴马（Obama）总统说了一些他事实上从未说过的话。但这个视频惟妙惟肖，难辨真假。同样，有些照片也是伪造出来的，实际上根本没有这个人。看一下"这人不存在"

（ThisPersonDoesNotExist.com）网站，你会发现许多例子。利用人工智能技术，"深度伪造"并非难事，因此，伪造现象会大大加剧。"深度伪造"能力究竟有多强，网络上有许多例子可以证明。随着真假内容呈爆炸式增长，内容的受关注时间越来越短，营销人员需要非常认真地思考要创作什么内容，如何证明内容是真实的，怎样在纷繁庞杂的海量信息中脱颖而出，而不是随意创造杂乱无章、良莠不齐的内容，然后任其淹没在信息大海中。我们研究了人们的线上观看行为，发现内容需要实时创作，才能既满足消费者的需要，又对他们具有吸引力。这样的内容创作会在人工智能的协助下完成。

广告也是内容。以后的广告会由人工智能创作吗？有的人坚信会的，也有的人坚信不会。强人工智能可以创作广告，但强人工智能预计要几十年后才能实现。但即使利用当前的人工智能技术，也可以自动生成静态的横幅广告。我相信在未来几年里，会出现许多创编作品，不过这并不是原创。创编作品也可以非常动人，让人感觉像是原创作品。

2016年，我在戛纳狮子国际创意节（Cannes Lions）上观看了一次人工智能演示。技术团队给人工智能引擎输入了伦勃朗（Rembrandt）的所有画作，准确地教会它伦勃朗是怎样绘画的，包括运笔方向、长度和角度等。在分析了 168 263 个伦勃朗画作的片段之后，训练有素的人工智能引擎按照指定的主题画了 一幅画。一幅包含了 1.48 亿像素的全新"伦勃朗"作品就这样诞生了！许多专家都惊叹，这简直太像伦勃朗的原作了。凭借这场演示，沃尔特·汤普森广告公司阿姆斯特丹办公室（JWT Amsterdam）荣膺"网络狮"和"创意数据狮"大奖。[①] 短短两年后，这项技术就在应用程序中投入使用。用户可以上传任意一张照片，应用程序会立即把照片转化为各个古典或现代画家不同风格的作品。人工智能融入用户的生活，就是这么快。

人工智能也可以模仿不同记者和作家的风格，写出非常地道的文章。人工智能会研究某个作者的作品，拿到一个主题之后，它会在网上搜索相关内容，在短短几秒内写出一篇大致通顺、风格相似的文章。

人工智能已经开始作曲了（说编曲更贴切一些）。已经有人工智能引擎与唱片公司签署了第一份合约！ 2019 年，华纳音乐集团（Warner Music Group）与初创企业恩德尔（Endel）

[①] 沃尔特·汤普森广告公司的《下一个伦勃朗》（*The Next Rembrandt*）在戛纳荣膺两项大奖和"创新狮"奖，IBB 在线（IBB Online），2016 年。

打造的人工智能算法签约，要出 20 张音乐专辑！[①]

计算投资回报率

计算投资回报率，准确衡量营销活动对业务做出的贡献，向来是大多数营销人员面对的一个难题。有些基于人工智能的解决方案已经可以在广告活动或促销方案执行之前，估计投资回报率了。如果营销部门可以适当地纳入人工智能，就能提出更好的投资回报率计算方法，事先预测和事后衡量投资回报率。

推出人工智能举措

部署或利用人工智能并非大企业的专利。这个领域像之前的数据分析一样，已经高度民主化。企业可以从小起步，使用"谷歌·量流"（Google TensorFlow）[②] 或"亚马逊魔法生成器"（Amazon SageMaker）[③] 等开源人工智能解决方案。营销人

[①] 王晓天（Amy X. Wang），《华纳音乐集团与算法签署唱片合约》，滚石（Rolling Stone），2019 年 3 月 23 日。

[②] Google TensorFlow 是谷歌发布的端到端开源机器学习平台。——译者注

[③] Amazon SageMaker 是亚马逊向所有数据科学家和开发人员的机器学习服务。　　译者注

员也可以利用现成的人工智能解决方案，例如谷歌的视觉应用程序编程接口（Vision API）或谷歌的语音应用程序编程接口（Speech API）。企业不需要自行打造这些基本的基础功能，营销人员也不必投入大量资金，只需选择"即用即付"即可。唯一的限制是他们想不想做、有多大的想象力。

总　结

+ 没有什么比人工智能会给市场营销带来更大的变化。从深入了解消费者，到打造高度个性化的营销信息，再到实时优化程序，人工智能可以大大提升营销效果和效率。

+ 如果营销人员不想被时代淘汰，就必须熟悉人工智能，最好要学习并熟练掌握。

+ 营销人员现在就要去探索人工智能，可以先拿低成本的小项目试水。

+ 营销人员可以使用现成的解决方案。无论是亚马逊和谷歌这样的大企业，还是许许多多的初创企业，都提供了丰富的选择。

✦ 首席营销官应该让团队成员学习人工智能，这是未来必不可少的技能。首席营销官甚至要考虑重新评估团队成员扮演的角色，确保在项目中安排了合适的人员。

✦ 营销人员不需要自己成为人工智能专家，但需要懂得怎样利用人工智能。哈佛大学（Harvard）、麻省理工学院（MIT）和加利福尼亚大学伯克利分校（University of California at Berkeley）等院校都提供了线上高管教育课程。

✦ 在这段应用人工智能的征程中，企业的信息技术部门会扮演重要角色。营销人员需要与信息技术部门的同事合作，才能共同取得成功。

第
六
章　技术大爆炸

随着人工智能的发展，营销人员从数据中得到的洞察也呈爆炸式增长。与此同时，一系列新科技会带来全新的挑战和机遇，营销人员应该为此做好准备。在第四范式的基础上，技术发展和部署都达到了惊人的水平，整个社会的演变正处于一个重要关口。

在大胆地迈向未来之前，我们先来回顾一下在第四范式中，改变世界的两大发展。

1. 记忆能力和处理能力快速扩张，成本大幅下降。因此，我们能大量生产计算能力超强的设备。

2. 基于用户良好体验的设计出现了巨大飞跃，新设备易于上手，即使是孩子或老人，也不需要接受任何培训，或者只需要接受很少的培训就会使用。例如，从油管（YouTube）视频中可见，还不会说话、不会走路的幼儿已经会使用平板电脑，还玩得很开心。正如摩尔定律的假设，每隔两年，各种智能设备处理能力和记忆能力就会翻一倍，成本也会减半。这个定律迄今为止还是成立的。结果呢？你手上的智能手机具有比阿波罗 11 号（Apollo 11）[①] 的导航计算机更强的计算能力，可以随时随地连接互联网，轻巧便携，同时也是全球大多数消费者负担得起的。

由于移动设备的普及，社交媒体平台的浪潮汹涌而至，人与人之间的数字交互达到全新的境界。几十年没见的老同学可以在网上重逢叙旧，远在千里的亲人之间可以通过网络看见对方的生活动态。大家会通过照片、言语和表情符号大方地倾诉自己的想法和感情。人们在社交媒体上发一个帖子，就关系到品牌形象的成败。

由于上述这几点，营销人员必须找到新的方法，在纷繁庞杂的海量信息中脱颖而出，与消费者建立联系，与之互动，影响他们的品牌偏好。如今，市场营销已经发生了彻底的改变，40%—50% 以上的媒体营销费用所投入的渠道，在新千年之初甚至还闻所未闻。

现在，正如我在第二章中提到的，第五范式会引发的改变远比过往更为剧烈，也更具爆炸性。许多强大的技术相继兴

---

① 阿波罗 11 号飞船第一次把人类送上月球。——译者注

起，席卷而来（见图4）。

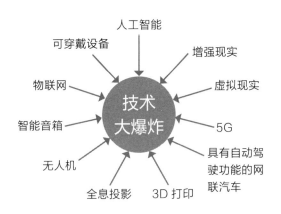

图4　新兴技术示意图

除了上一章谈到的人工智能、机器学习和深度学习，以下是更多新兴技术。

5G

第五代移动通信技术（5G）有什么了不起吗？可了不起了。

- 5G网络超快，或许比4G快50—100倍，下载速度可高达每秒100 GB。简单地解释一下，用5G下载标准

数字通用光碟（DVD）格式的一整部电影，仅需不到
4 秒。

* 5G 可以同时连接更多设备。因此，它可以支持物联
网、各种不同的传感器、网联汽车、自动驾驶汽车等
技术，网速也不会变慢。

* 5G 的延迟很低。这意味着网络一端发出指令，另一
端就会接收到这个指令并予以执行，基本没有延时。
洛杉矶的外科医生动动手指，在迈阿密手术室里机器
人的手指几乎就会在同一时间做出同一个动作。在
5G 环境下，医生可以满怀信心地做远程手术。

这对营销人员有何启示呢？

由于收集数据并在多个网络上传送数据的速度加快，再
加上 5G 低延迟和人工智能的助力，营销人员可以进行实时分
析，在适当且相关的场景下，为消费者实时提供高度个性化的
解决方案。简言之，营销人员与消费者的交互和互动策略会实
时进行。例如，消费者在商场购物的场景中，企业可以在征得
其同意的前提下取得其数据，按照消费者所在位置和当时的行
为，为其提供相关的优惠信息。

我们现在已经可以做到这一点。但有了 5G 和人工智能，营销人员可以为消费者最近一秒钟的行为建模。假设消费者正在商场，她的手机会持续把位置信息发送到服务器上，数据库里就会有她的实时位置信息。但是在今天，如果她买了东西，购物详情是不会实时上传到数据库的。所以，营销人员只能取得她的位置信息，而无法获取购物详情。但在第五范式中，营销人员就可以获取购物详情。因此，我们要快速分析和建模，才能决定最适合她的优惠或营销信息，并予以执行。这不仅需要计算能力，还需要大带宽下超快的数据传输。表面看来，这或许有点像对公民的监控，但这一切完全是匿名的，可以保护消费者的隐私，也受到她同意的数据协议的约束。

5G 应用也会对网页设计产生有趣的影响。由于 5G 网速快、带宽大，营销人员需要重新构想网页设计。目前，为了确保较快的下载速度，网页设计比较精简，因而不会有太多视频和视觉效果，免得页面"过重"。但 5G 普及之后，这就不成问题了。营销人员非但不怕加重页面负担，反而还会希望网页设计更加丰富。

5G 应用还会改变呼叫中心为顾客提供远程服务的方式。由于网速超快，顾客可以通过手机视频通话与呼叫中心实时互动，而不怕缓冲或中断。因此，企业可以借此与顾客进行实时的视频通话。这意味着营销人员需要重新构想客户体验设计和客户服务框架。移动 VR（虚拟现实）和 AR（增强现实）会为客户服务、销售和互动带来巨大的机会。

总体而言，5G 是技术的重大飞跃，它将以前所未有的方式使其他技术和平台成为可能，并使之发生改变。市场营销会从中获益匪浅。营销人员不仅需要审视受 5G 影响的传统营销领域，还需要审视传统营销与其他领域或部门的交会点，利用量子营销带来的提升，推动业务和品牌发展，加强竞争优势。

增强现实

增强现实（AR）还是一项新兴技术，但很快就会取得广泛应用。在增强现实中，实体环境上会叠加一层数字信息。例如，谷歌在一场大会上演示了谷歌地图（Google Maps）是如何部署"视觉定位系统"（VPS）的。只要人们把智能手机的摄像头对准街道，谷歌地图应用程序就会在地图上叠加街景和额外一层信息，例如在前方一栋建筑物上添加标志或旗帜，显示里面有咖啡店。如此一来，你想知道这条街另一端的建筑物里有什么店铺，不必走过去，看谷歌地图就知道了。[①]这简直太棒了，会给消费者的生活带来莫大的便利。

除了店铺名称外，视框中还可以叠加其他信息，例如这家店铺在做打折促销，那家店铺有特别优惠，这家酒吧在做欢乐时光优惠，诸如此类。

消费者与实体环境之间的互动，比以往任何时候都更加丰富。这可以带来颠覆性的变化，也是大好良机。例如，我到国外一个小镇度假，有了 AR 应用程序，我就不需要导游了。我可以自己在应用程序中认路，搜索和查看有趣的地方、哪里有特别优惠、怎么去最近。我眼前看到的，在屏幕上也能看到，只是屏幕上的照片更为丰富，叠加了更多相关、有用、丰富的信息。想象一下，这样的功能可以为市场营销带来多大的可能。

再举一个例子。消费者收到银行寄来的信用卡，通常会附带一个迎新礼包，里面包含一本手册，解释信用卡的所有功能、好处和优惠。消费者大概会花上一分钟（甚至更少）时间翻一下这本迎新手册，然后就丢进垃圾桶。这些手册属于静态

---

① 《谷歌地图 AR》，YouTube 视频，芒达尔·利乃耶（Mandar Limaye）在 2018 年 5 月 8 日上传。

的传播工具，我们怎么才能让消费者随时可以了解到持卡人的最新福利呢？ 只要打开 AR 应用程序，用摄像头对准信用卡，应用程序就会识别信用卡，立即在信用卡的背景下展示持卡人可以享受的各项优惠与权益，例如特别通道等。

这种动态的传播方式是十分有效的。发卡行不仅可以省下制作迎新手册的费用，还能随时在应用程序中更新持卡人权益，也可以只在最相关的场景下展示最适合持卡人的优惠与权益。消费者不会收到全球各地优惠的信息轰炸，只会收到与相邻街区、当前位置或即将前往的目的地相关的信息。本质上，AR 能以互动性强而又十分简单的方式，向消费者传递相关的优惠信息，避免发送大量无关信息，造成数据超载。同样，这个概念也适用于电器：消费者打开 AR 应用程序，用手机摄像头对准电器，屏幕上就会出现用户手册；用手机摄像头对准一包食品，屏幕上就会出现其营养信息；而对准生鲜蔬菜，屏幕上就会出现食谱。

再举一个令人振奋的例子。消费者路过一家服装店，看上了橱窗内展示的一件衬衫。她打开 AR 应用程序，用手机摄像头对准这件衬衫。应用程序就会显示这件衬衫的所有信息：价格、制造商、产地、材料、店里当时有什么颜色和尺寸、网上哪里有卖、能打几折或者有什么促销活动等。这彻底改变了商店橱窗的功能，成为店主的虚拟商店或第二个商店。

宜家家居（IKEΛ）等公司已经开始在另一个领域利用AR的力量。有了AR应用程序，消费者就可以在屏幕上把不同的宜家家居产品放置到自己真实的客厅中，预览放置效果。[①] 这是绝佳的可视化工具。消费者不需要再凭空想象和臆测。同样，在新型冠状病毒疫情暴发后，消费者更喜欢无接触的购物体验，而不愿意在店里试用口红或其他化妆品。在此环境下，AR部署就派上大用场了。消费者可以打开AR应用程序，用手机摄像头对准口红，从而在应用程序上试妆，看这种颜色和质地的口红在自己嘴上的上妆效果，看自己喜不喜欢。试衣也是一样的。AR试衣镜可以向消费者展示某件衣服的上身效果，人们甚至连衣服也不用换，就可以预览某件衣服不同颜色的穿搭效果。这是AR叠加层的功劳。这个领域的实验已经做了一段时间，进入第五范式，其使用案例会增多，也会广泛普及。

但对营销人员来说，还有一些问题需要想清楚。一个人

---

① 艾达·阿尤比（Ayda Ayoubi）:《宜家家居推出增强现实应用程序》，建筑师（Architect），2017年9月21日。

走在街上，打开 AR 应用程序，会看到屏幕上跳出许多信息，统统叠加在眼前的实体空间上。一个品牌怎样才能进入这样的信息流，以合适的方式展现在消费者面前呢？如果几百个品牌、几百个促销活动，统统挤在一个小小的屏幕上，这是不会有显著的效果的，品牌还是要想办法脱颖而出。营销人员怎样才能确保自家品牌脱颖而出，吸引消费者的注意力，并有效地与之互动呢？这就需要营销人员认真反思整个营销模式，以及品牌要如何吸引消费者的注意力、与之互动并顺利完成销售的整个框架。

虚拟现实

虚拟现实（VR）刚面世时声势浩大，可是后续发展缓慢。这项技术能给人 360 度的沉浸式体验，用户仿佛进入了另一个世界。VR 技术前景广阔，但目前的视觉效果仍存在像素化问题。用户看着移动的物体，会产生一点晕动症。此外，他们还要戴上头显，而这本身就不是什么愉快的体验。

但这只是初始阶段而已。我们可以把这当作概念验证，用于向营销人员展示这项技术的可能性。虚拟现实会在许多方面发展演变，并不仅限于视觉效果的质量。设备本身会变得更加精巧，佩戴更加舒适。要制作顶级质量的 VR 视频，端到端成本会大幅下降。VR 环境还可以叠加 AR 叠加层。技术会取得长足的进步，进一步提升沉浸式体验，声音等元素会根据消费者的关注点而进行相应调整。另外，支付功能无缝整合，令消费者能即时购买心仪的物品。

例如，一家奢华水晶灯制造商生产了两件博物馆藏品级别的产品。这两件产品储存成本非常高昂；属于易碎产品，运输途中容易破损；会占用店铺很多展示空间。这家公司在世界各地有多家门店。所以，他们要预估这两件水晶灯在哪家门店卖出的可能性最大，它们就在那里展示，而其他门店就没有展示的机会。当然，他们可以在其他门店播放视频和张贴海报，但单凭视频和海报，很难说服顾客购买这样的价格高昂的水晶灯。

虚拟现实技术可以解决这个问题。这家公司会制作一个高度沉浸式和交互式的视频，从各个角度展示水晶灯，让人感受到其气派、外观、氛围和质地。VR 视频会把消费者带入水晶灯的世界，营造出效果逼真、栩栩如生的沉浸式体验，促使消费者做出购买决策。每家门店都可以播放这个 VR 视频，为潜在顾客提供逼真的虚拟体验，再加上 AR 叠加层，人与视频互动的感受会变得非常真实。就这样，这家水晶灯制造商解决了分销和商品销售领域的一大难题。

在各行各业、各个产品品类，营销人员都可以想到各种VR应用。例如，航空公司可以利用VR技术展示头等舱；酒店可以利用VR技术展示房间、套房和窗外的美妙景致。从某种程度上来说，这些服务供应商在做虚拟试用。万豪酒店（Marriott）已经在其旗下一些酒店开始使用这项技术[①]。虚拟现实可以为企业的商品销售、试用和消费者互动策略带来深远的影响。

另外，观看演唱会和体育赛事等现场活动，将会是虚拟现实技术的一大应用。想想看：在观众观看高度沉浸式的VR比赛直播时，营销人员是想向他们展示2D广告呢，还是想制定最好的方案，在观众的最佳视线上呈现动人的广告，同时又避免对观众造成打扰呢？

新型冠状病毒疫情暴发后，许多现场活动取消了，包括体育赛事、演唱会、大会、贸易展览会等。许多演唱会不得

[①] 谢里尔·罗森（Cheryl Rosen）：《万豪酒店推出增强现实应用程序，用户可在苹果手机上以AR滤镜查看客房》，"旅游市场报告"网站（Travel Market Report），2018年6月20日。获取和访问路径：https://www.travelmarketreport.com/articles/Marriott-Debuts-Augmented-Reality-Views-of-Properties-on-iPhone。

不改为线上举办。通常情况下，电视上播放的现场活动大多是 2D 的。但如果 VR 制作优良，可以为消费者提供身临其境的沉浸式体验，那就再好不过了。如果内容丰富而又具有吸引力，可以为各大品牌提供大好良机，与消费者建立联系。如今，许多营销人员已经发现，光是把电视广告塞进数字渠道是行不通的，效果并不好。同样，营销人员不能直接把 2D 广告塞进VR 环境里。广告必须与 VR 环境融为一体，才能显得恰如其分，产生良好的效果。

在不远的将来，基于 VR 的贸易展览会和大会将逐渐兴起。这既是为了提高效率（节省成本和时间），也是为了扩大影响力。这些展览会和大会将快速扩大规模，为远程参与者提供十分逼真的全沉浸式体验。

智能音箱

亚马逊、谷歌和其他几家公司已经开始生产智能音箱。智能音箱是一种能连接到互联网的音箱，用户可以向虚拟助手提问或发出口头指令，而虚拟助手会给出语音回应。用户和智能音箱之间的互动基本上是以语音进行的。例如，用户先说出唤醒词，例如"Alexa"或"Hey, Google"，再向智能音箱提问，就会得到回答。用户还可以搜索、查询，甚至购物。整个互动和购买过程是通过语音完成的，所以我们也称之为"语音电子商务"。从搜索、评估到购买，一切都是通过语音完成的。

语音电子商务发展迅猛。智能音箱界面变得越来越智能，语音越来越逼真，越来越像人声。购买这种智能音箱的消费者越来越多。到 2019 年年底，25% 以上的美国家庭拥有一台智能音箱[①]。

通常情况下，企业在传统视觉环境下以具有吸引力的方式展示产品，加强产品的品牌形象。整个展示方式是经过深入研究、精心设计的，极具科学依据，能有效地帮助企业在纷繁庞杂的海量信息中脱颖而出，吸引消费者的注意力，鼓励他们购买产品。但智能音箱的所有操作都是通过语音进行的，没有视觉环境。既然智能音箱没有视觉环境，那么迄今为止所做的所有视觉优化也就全无用武之地了。

在这样的纯语音环境下，品牌需要想清楚该如何操作。值得注意的是，在视觉环境下，消费者可以同时看见几样东西。

---

① 萨拉·佩雷斯（Sarah Perez）：《目前逾四分之一的美国成年人拥有一台智能音箱，通常是"亚马逊回声"（Amazon Echo）》，"科技关键"博客，2019 年 3 月 8 日。

一个品牌不一定要独占一个屏幕，可以与其他品牌或内容同时出现。可是，音频是线性的、有时间顺序的，一个人一次只能谈论或倾听一个内容或一个品牌的信息。所以在消费者搜索时，营销人员必须想办法让自家品牌占据第一推荐位。还值得注意的是，根据一项调查研究，70% 的智能音箱用户至少用这些设备买过一次东西。[①] 因此，亚马逊 Alexa 成了新的把关人、影响者和准决策者。营销人员要想办法应对这种全新的动态。

全息投影

几年前，在科切拉音乐艺术节（Coachella Valley Music and Arts Festival）的舞台上，图派克·夏库尔（Tupac Shakur）神奇现身，令观众为之沸腾。这是准全息效果，视频播放并投射到倾斜的镜子上，为观众带来相对逼真的幻象。自此之后，全息技术取得了很大进步。多家公司"复活"了已故歌手，举办巡回演唱会。这样一来，赞助演唱会的企业，现在可以赞助已故歌手的 3D 全息投影巡回演唱会！我见过罗伊·奥比森

---

① 格雷格·斯特林（Greg Sterling），《报告：亚马逊内部数据显示"语音电子商务"现状》，"营销领域"网站（Marketing Land），2018 年 8 月 8 日。

（Roy Orbison）和玛丽亚·卡拉斯（Maria Callas）演唱会的概念演示，效果逼真。台上有真人管弦乐队。每位歌手的全息投影都非常逼真，就站在管弦乐队中间，跟乐队和观众互动。整个表演引人入胜。当时，我必须坐在舞台正前方某个角度之内，才能看到逼真的效果。

自此之后，微软（Microsoft）推出了"微软云人工智能"（Azure AI）[①]支持的混合现实。演讲者身在拉斯维加斯，却可以把自己的虚拟影像传输到日本，以全息投影发表主题演讲，令人啧啧称奇。不仅如此，在人工智能的帮助下，不会日语的演讲者在全息投影中却在说日语，声调和语调等都非常地道。她不用亲自飞到日本，也不用上语言课程，在日本观众眼中，就好像在台上用日语发表精彩演讲一样。这会给多个领域带来重大变化，从医疗保健、娱乐到虚拟会议等，不一而足。最重要的是，这还可以给市场营销带来绝佳的机会[②]。

全息投影演唱会会继续举办，也需要赞助商。由于这些演唱会与当代歌手的现场演唱会竞争，整体上供过于求，赞助

---

① Azure AI 是微软为开发人员和数据科学家设计的人工智能服务组合。——译者注

② 玛丽·乔·福利（Mary Jo Foley）2019 年 7 月 17 日在 ZD 网（ZDNet）发表有关"微软最新的全息传送演示展示其混合现实、人工智能和翻译技术"的讨论。

费用有望保持在较低水平，企业也负担得起。但消费者有多大的消费力呢？他们可以参加多少场演唱会？对营销人员来说，特别是在做体验式营销或考虑做体验式营销的人来说，必须密切关注这个领域，为未来制定战略。

用全息投影，可以有效地进行销售和产品演示，打动顾客的心。这就像拿着产品站在顾客身旁，事无巨细地示范要如何操作。全息投影可以演变成为强大的企业对企业（B2B）营销和销售工具。

除此之外，全息投影还可用于共同制作广告的会议、客户服务会议、虚拟展厅、销售人员的产品培训会议等。

想做到最好，营销人员需要随时掌握最新动态，思考可以利用最新技术把握哪些机遇，提出战略并进行测试、学习、调整和推出。

物联网

在第五范式中，家里、公司里、路上的每一台设备都会联网，每一台联网设备都可以成为营销媒体。家用电器、温控器、家用门锁、汽车、电子秤、行李箱等设备都会收集数据，许多设备甚至具备语音和（或）视觉交互界面。由于每一台联网设备都在收集数据，因此营销人员可以汇总数据，理清头绪，得出可行动的洞察，并据此采取行动。举个简单的例子，可以在冰箱屏幕（三星已经推出了带屏幕的冰箱）[①] 或网联汽车仪表盘上展示个性化广告，又或者在音箱播放个性化广告。

这对营销人员组织和筹备基础设施和服务能力的方式产生了重大影响。广告界需要反思整个架构、广告投标方式，以及广告在物联网环境中的展示方式。如今，还没有生态系统或基础设施能为此提供支持。

营销人员需要思考消费者的整个消费旅程，实时识别销售机会，实时采取行动。为此，他们必须彻底反思目前的营销和广告方式、过程和技术支持。

可穿戴设备

从手表、运动鞋、头带、臂带到指环和衣服，可穿戴设备已经面世。不过，这个市场高度分散。可穿戴设备可以监测各

---

① "一切尽在你的冰箱上"，三星的广告语。

式各样的身体数据，引起了消费者极大的关注，"量化自我"[①]的趋势快速发展。不管是实时连接互联网，还是分批把数据上传到云平台，可穿戴设备都会在消费者非常看重的方面收集消费者的重要信息。（这也正是消费者穿戴可穿戴设备的原因！）那么，营销人员若能获取这些数据，接下来要怎么办呢？

可穿戴设备的影响与物联网十分相似，只不过收集的数据主要集中在消费者想要更了解自己身体的某些方面，因此，或许能给营销人员带来前所未有的深入洞察。一直以来，我都在提醒营销人员：请务必尊重消费者的隐私，不要打扰他们的生活；未经消费者的明确同意，请不要做任何事情；在征求消费者同意时，切勿使用佶屈聱牙的术语，而要以浅白的语言解释清楚。可穿戴设备收集的数据可以提供新一层的宝贵信息，有助于产品或服务研发以及扩大营销。

3D 打印

从医疗保健、汽车、工业到金融，3D 打印为各行各业的营

---

① "量化自我"是指运用技术手段，获取个人生活中有关生理吸收、当前状态和身心表现等方面的数据。——译者注

销人员带来福音。市场营销的第 4 个 P 是渠道，也就是分销。3D 打印可以为分销带来大好良机和解决方案。以下是几个例子。

- **医疗保健。**在第五范式中，3D 打印、定制义肢或配件（例如助听器）会快速成为常态。例如，我认识的一个人患有扁平足，去看足科医生。医生建议他使用矫正装置，给他量了尺寸，告诉他几星期后才能收到。如果医生可以用 3D 打印机当场制作矫正装置，交给我的朋友，那该有多好啊。
- **汽车。**顾客可以当场拿到 3D 打印的零部件。
- **商品。**商品或小产品样本可以用 3D 打印制作。
- **个性化。**3D 打印为定制带来了绝佳的机会。
- **产品原型设计。**从洗发水瓶到工业产品，3D 打印可以帮企业更快捷地设计产品原型，而且远较传统方法节省开支。

除此之外，其他技术也发展迅猛，例如机器人和无人机将会影响到营销领域和 4P 的一个或多个方面。

营销人员需要了解所有这些技术变迁会给销售带来怎样的影响和机遇，以方便他们为未来做好充分准备，发挥自己的能力，为企业或品牌做出贡献。怎样才能运用多维度的媒体，打造与消费者互动的多维度方法和材料，适应不同媒体的需求？这些技术由人工智能和 5G 提供支持，可以实现了不起的成果：在适当的场景下，打造出高度定制的个性化解决方案，为消费者提供身临其境的沉浸式交互体验。在这些先进设备的帮助下，营销人员可以令消费者叹为观止，同时又避免让他们感觉怪异或受到惊吓。总之，未来充满了无限可能。

总 结

+ 新技术接连诞生，会带来全新的营销生态系统。营销人员需要制订计划，掌握最近动态，洞悉先机，未雨绸缪。

+ 他们怎样才能利用新出现的维度？

+ 他们需要建立怎样的合作伙伴关系，才能在这些新领域利用、发展和测试其举措？

+ 成本效益是怎样的？他们怎样才能测试这些模型，从测试中学习？

+ 为了开发这些解决方案，他们需要内部人才吗？如果要依赖外部合作伙伴，他们是否需要让整个团队（包括自己）接受培训和参加研讨会，以掌握最新动态？

第七章　揭秘区块链

许多人都分不清区块链和比特币的区别，还有许多人把两者混为一谈。但这两个概念是很不一样的。接下来，让我们来掀开区块链的神秘面纱。

比特币是一种货币。区块链是产生、追踪和管理比特币和所有其他加密货币的技术。简单地说，区块链是用于保存记录的虚拟账本。用会计术语解释：用于记录所有交易的账本称为"分类账"，正常情况下，会计师或会计部门在分类账中录入各项交易，并保持更新；区块链是交易的数字分类账，包含所有相关详情。例如，交易发生了吗？金额有多大？什么时候发生的？交易条款是怎样的？区块链本质上跟分类账是一样的，但又有所不同。区块链不是由一个人或一个部门管理，而是在一个社区中分布或共享，每个人均有机会参与记账过程，验证交易，给交易加上时间戳。因此，区块链被称为"分布式账本"。

区块链技术有很多种，但一般来说，在交易发生时，整个社区内每个人都可以看到。这个交易称为"区块"。区块链一旦生成了一个区块，就不可篡改。这是区块链的"防篡改"特性，没有人可以改变区块的详情。如果有人给交易添加更多数据或其他内容，相关信息会在新的区块中出现，所有参与者都对此一目了然。由于社区内的每个人都可以看到每一个交易区块，交易各方可以实现高度信任。交易的证据像是刻在石头上（数字的石头），是无可辩驳的；交易详情是不可篡改的。

对许多行业来说，区块链有助于提高交易的透明度，降低交易的复杂性。例如，区块链可用于追踪农产品的供应链，并发挥重要作用，假如某些蔬菜受到污染必须下架，但相关企业怎样才能找到源头，从所有商店下架同一批次或同一个农场的全部农产品呢？如果用现有的系统追踪，需要几天时间，甚至无法保证相关农产品全部下架。而有了区块链，就可以清楚地追踪蔬菜从生产源头到消费终端的每个阶段，从农场、产地仓库、运输车辆、城市仓库，最终到商品货架，一目了然。每个阶段都是一个区块。这些区块（或记录）是不可篡改的。有了区块链，农产品溯源只需要短短几秒。

另一方面，比特币是一种加密货币，也是最知名的一种。加密货币不是由政府发行或担保的，其供应有限，视需求而定，人们愿意为一个单位的加密货币支付多少以本国政府担保的货币，也会发生变化。加密货币的行情大起大落，现在基本上是一场赌博。一般来说，加密货币是由区块链技术提供支持的。

我们暂且不去深究加密货币。在现阶段，我们只要知道：

- 比特币是一种加密货币，区块链是一种技术。
- 区块链是支持加密货币运作的底层技术。
- 区块链的应用有很多，加密货币只是其中一种形式。
- 区块链是一个记录保存系统，没有中央权威机构，也没有单一的控制源。每个人均有机会参与记账过程，见证每一项交易，防止后续篡改。

在深入探讨营销界的例子之前，我们先来聊一下另一个概念。这个概念是我们说起区块链时经常会提到的，那就是"智能合约"。假设双方（也可以是多方，但这里为简单起见，以双方为例）同意了一项协议或交易，协定了双方都可以接受的条款和条件。接下来，这些条款和条件会在一个软件程序中编码，程序会自动运行，确保合约得到强制执行。这就是智能合约。这是"不可篡改"的，无法改变。合约双方不需要中间商来核查或验证，也可以信任交易和交易结果。不需要有人来说这项交易真的发生了，也符合协定的条款和条件，后续也不需要有人对账。这就是区块链的核心价值。

广告支付

现有的广告生态系统是不透明的，充斥着信任问题，如从业人员涉嫌收受回扣，编造数据，等等。几年前，美国全国品牌方协会委托 K2 情报公司研究业界惯例，有一些惊人的发现。广告公司从媒体收受回扣的现象非常普遍[1]，广告欺诈现象猖獗。同样，研究发现，在品牌方支付的广告费用中，只有 60% 付给了媒体，其余 40% 付给了中间商，其工作是计数、核查、验证和对账[2]。在品牌方和媒体之间，每个阶段都有无数的中间商从中分一杯羹（见图 5）。中间商包括媒体代理商、广告需求方平台（DSP）、广告服务器、广告交易平台、预核查平台、广告供应方平台（SSP），以及数据验证和核查平台，而这只是整个广告生态系统中的一部分。

---

[1] 拉腊·奥赖利（Lara O'Reilly），《有惊人报告指出美国广告公司秘密收受回扣，以不道德方式牟取更高利润》，商业内幕，2016 年 6 月 7 日。
[2] 劳丽·沙利文，《数据估计 40% 的媒体费用浪费了：一家公司是怎样堵住这些漏洞》。

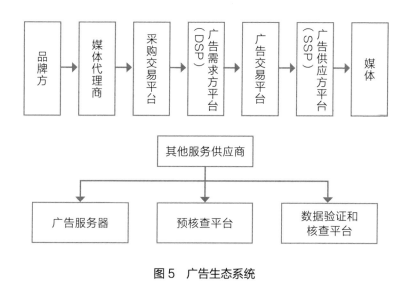

图 5　广告生态系统

　　在品牌方支付的广告费用中，实际支付给媒体的还不到60%，这就表明价值链和广告生态系统显然早该修正了。这正是区块链可以大展拳脚的地方。

　　品牌方应该只为那些得到合理和适当展示的广告付费。他们需要知道看广告的是真人，而不是机器人。他们需要知道广告是在真实网站上展示的，而不是在欺诈网站上展示。他们需要知道广告是清晰可见的。他们需要确保能得到相关数据，以此作为付费的依据。由于缺乏信任，欺诈现象泛滥，业界还有许多不良操作，品牌方需要一个值得信任的系统，去除部分中间商，提高成本效益。当然，他们还是需要一些中间商的，只是可以减少几层。

有了区块链技术，品牌可以与媒体和必要的中间商签订智能合约。各方都可以获得实际曝光流量数据的同一信息，而实际曝光流量数据如何计算，是经过事先界定和协定的，各方都可以看见实际情况。然后，品牌方可以为实际曝光流量数据付费。他们可以节省大笔资金投入发展业务，而不是白白付给中间商，甚至为广告欺诈买单。

通过区块链，营销人员不仅可以获得成本优势，还可以得到急需的数据透明度和准确性。此外，营销人员可以更清晰地了解到哪些广告投入是奏效的、有多奏效，以此优化在不同媒体渠道或广告活动投入的费用分配。只要数据完全透明，他们就可以做出正确的决定。要是数据不透明，他们就可能根据错误的信息做"优化"，结果适得其反。

由于在区块链中，每个人均有机会参与记账过程，所以它比传统会计更加安全。即使其中一个参与者的系统遭黑客入侵，其他参与者的数据仍是完好的。要入侵一个分类账，黑客必须入侵区块链的每位参与者以及储存数据的每个地方。比起集中储存数据，这种去中心化的数据储存方式要安全得多。

如果区块链这么好、这么有效，那么想必已经在广告界得到广泛应用了？但还没有。在生态系统内，并不是每个人都像品牌方和媒体一样可以从中获益。区块链要真正扎根，规模是至关重要的，这意味着一大部分的媒体和品牌方必须联合起来，打造区块链生态系统。这显然不符合所有中间商的最佳利益，因为他们的角色和收入会随之消失。但这是大势所趋，始终都会发生。

IBM 等公司与联合利华（Unilever）和媒体海洋广告软件平台（MediaOcean）① 做了一些试点项目。早期结果显示，未来 5 年内有望节省 15%—20% 的广告费用。据电子商务市场研究公司（eMarketer）统计，全球线上广告市场 2019 年总值 3 330 亿美元。以此计算，可节省金额高达 650 亿美元左右。②

在第五范式中，营销人员面临着更大的压力，他们需要设法提升效率，并推动企业业绩。区块链会扮演重要的角色。

---

① MediaOcean 是广告领域领先的软件平台。——译者注

② 马特·马歇尔（Matt Marshall），"IBM 与联合利华的区块链试点项目可减少广告支出浪费"，"创投节奏"网站（Venture Beat），2019 年 8 月 15 日。获取和访问路径：https://venturebeat.com/2019/08/15/ibm-unilever-blockchain-pilot-cuts-wasteful-ad-spend/。

其他营销价值链

就像广告价值链一样，营销领域也有其他价值链，如后期制作价值链、包装价值链、促销价值链、影响者价值链等。这里有一个简单的经验法则：凡是在一个流程中有多个中间商，透明度堪忧，缺乏信任，欺诈现象泛滥，需要验证或证明交易和对账，那么，应用区块链的时机就已经成熟。

溯源

说起区块链，我们还会经常听到"溯源"这个词。所谓溯源，是指能追踪产品从生产源头到消费终端的每个阶段。这对营销人员来说是非常重要的，尤其是对奢侈品、药品和零部件溯源。只要有假冒伪劣产品流入市场的风险，就必须分辨真假，要能追踪产品从生产源头到抵达消费者手中的每个阶段。在每个阶段，产品从供应链的一个环节流入下一个环节，都要验明正品。假如有一件假冒伪劣产品流入市场，这件产品是没有全流程正品追溯的。

在第三和第四范式中，奢侈品制造商会给产品贴上全息防伪标签，以此验明正品。这里的假设是，要复制全息防伪标签是极其困难，甚至是不可能的。因此，消费者可以相信带全息防伪标签的就是正品。在第五范式中，数字 ID 就相当于全息防伪标签。每件产品都附有独一无二的数字 ID。通过区块链技术，这个数字 ID 可以追踪产品从工厂到零售终端乃至之后的每个阶段。

在缺乏信任、欺骗现象频发的当今时代，正品保证可以让品牌脱颖而出。区块链与数字 ID 相结合，正好能满足这样的需求。假设消费者在市场上购买了一只百达翡丽（Patek Philippe）腕表，消费者要追踪腕表的所有权历史，获得正品的确凿证明——区块链就派上用场了，它所具备的溯源能力，可以做到这一点。

此外，对许多人来说，食品的源头是非常重要的。例如，消费者在零售店货架上看到一件有机产品，想了解其产地、生产时间和运输过程等。溯源可以做到这一点。凡是具有环保意识或者对生产规范敏感的消费者，都想了解产品源头和流通过程。对他们来说，区块链是一项宝贵的技术。日后，消费者对这些方面的敏感度会比以往任何时候更高，正品验证的举证责任会落在品牌肩上。

　　在营销领域，利用区块链的机会还有很多。在第五范式中，区块链的神秘面纱会彻底掀开，成为整个营销生态系统中相当核心的部分。

总　结

◆ 区块链不同于比特币或其他加密货币。区块链是支持加密货币运作的底层技术。

◆ 通过智能合约，区块链可以为生态系统创造巨大价值，包括提高信任度、透明度，以及交易防篡改。

◆ 区块链可以为广告价值链提升效率，重拾久违的信任。此外，区块链在其他营销价值链中也有潜在作用。

◆ 溯源是一个重要概念，有助于追踪产品源头以及从生产源头到消费终端的每个阶段，广泛适用于产品防伪查询、产品流通以及营销传播中信息源的可靠性验证等方面。

第
八
章 | 营销的科学

在接受海外派遣期间，我曾和一位资深同事一起用餐。他持有工商管理硕士（MBA）学位，早年做过营销，后来晋升为总经理，事业有成。当晚，他提出了一个很有趣的观点：只要做好 4P，打造并推出不错的广告活动，讲述产品的故事，营销就成功了。他说，何必把营销弄得太复杂呢？

总的来说，他这话也没错。但关键问题是：怎样才能得出适当的市场营销组合呢？怎样才能创造出适当的产品，让这些产品具备适当的属性，为消费者带来适当的好处呢？怎样才能适当地定价，既能吸引消费者，又能为企业创造利润呢？怎样才能知道什么样的包装会引发消费者良好的感受，促使他们采取购买的行动呢？怎样才能打造出不错或者很好的广告活动呢？你怎么知道自家产品或服务不是昙花一现，而会经久不衰呢？要想打造出成功的组合，单凭直觉是不行的。所有这些方面都需要有科学支撑，才能帮助营销人员获得强大的洞察，取得成功。

量子营销的其中一个原则，是综合艺术、技术和科学的力量，洞悉消费者的所思所想，打动他们的心。目标是了解消费者的想法、感觉和行为——他们为什么会有这样的想法、感觉和行为，以及怎样影响他们的偏好。

科学界取得了重大发展，只是还不如技术发展迅猛。不过，科学发展已经对市场营销产生了深远的影响。市场营销向来依赖多个科学领域，包括心理学、社会学、人类学和数学等，但行为经济学、神经科学、感官科学（研究视觉、听觉、嗅觉、味觉和触觉）、匿名性研究等领域开始为传统科学提供补充，把市场营销提升到全新的境界。

接下来，我们讨论其中几个方面。

行为经济学

行为经济学并不是新科学，它在 20 世纪 70 年代初就已经诞生了。丹尼尔·卡尼曼（Daniel Kahneman）和理查德·塞勒（Richard Thaler）等杰出人物让这个领域取得了显著的地位，也在商业上投入应用。简言之，行为经济学就是研究心理、情绪或社会影响等多项因素对个人和机构所做的经济决策的影响。这个领域引人入胜，学习起来充满趣味。

我们利用行为经济学来更好地解读消费者面对不同选择时的行为（而非意图）。他们的决策不能单纯以传统的理性经济模型或逻辑来解释。有时候，消费者明明有更好的选择，为什么还是会去买性价比较低的东西呢?

这一切都可以归结于一个人加工、思考、感觉和做决策的方式,也都受到心理、情绪、社会和文化因素影响。我们把所有这些方面的洞察综合起来,发现终究是有其道理的。行为经济学可以为我们提供一个框架,帮助我们更好地了解消费者在做出选择时,各项参数之间的关系和相互联系。行为经济学不仅在 B2C 营销(企业对消费者的营销)中有重要的应用,在 B2B 营销(企业对企业的营销)中也是一样。

举一个再简单不过的例子。假设我们给消费者两种不同的优惠:夹克衫 100 美元一件,150 美元两件;或者第一件 100 美元,第二件半价。简单计算一下就知道,两种优惠是一样的。根据理性人假设,消费者应该同等对待两种优惠,两种优惠的促销效果都一样。但在现实生活中,更多人倾向于第二种优惠。这对营销人员如何定价和设计促销方案产生了深远的影响。

营销人员必须深入了解如何优化和构建促销方案和广告活动。许多促销方案都可以用实验方法来测试和核查。但做这些研究需要耗费大量的时间和人力、物力,基本上不可能给每个促销方案做测试。在实时营销中更是如此。

我们研究行为经济学,会提出可靠的框架、参数和范式,根据有限的测试和实验来预测消费者会做出怎样的选择。接下来，我们会实时调整这些假设和模型。此外，人工智能有望在这个领域投入应用，帮助我们更深入地理解消费者决策，以便做出精准的预测。

再举一个例子。营销人员要决定一款手表的定价策略，包括原价多少、促销活动打几折。方案 1：手表原价 400 美元，打 9 折；消费者实际支付 360 美元。方案 2：原价抬高到 500 美元，打 8 折；消费者实际支付 400 美元，比方案 1 高出 40 美元。假设主要竞争品牌的定价为 450 美元，产品功能、质量和品牌高度完全一样，哪个方案更好呢？又或者，营销人员是否应该索性把价格定在与竞品持平的水平，以争取更高的营业额？

从财务和逻辑的角度来说，方案 1 对消费者来说更加实惠，那么，想来会帮助企业赢得较大的市场份额，营造良好的销售势头，对吧？不不不，先别忙着下结论！营销人员是否应该做价格测试、A/B 测试、实验设计、因子分析呢？借助这些测试和分析，营销人员可以获得一定程度的洞察，但多半不太了解背后的原因。这时行为经济学就派上用场了。借此，营销人员可以很好地了解到影响消费者做出选择的各项因素之间的相互联系和相互作用。在这个例子中，500 美元的原价给出了一个参照点。对比之下，入手价才 400 美元，消费者会觉得赚到了。因此，促销方案 2 可能会更加成功。

即使是很久以前提出的理论，也会启人深思，帮助营销人员更深入地思考定价和促销策略。例如在 1899 年，托斯丹·凡勃伦（Thorstein Veblen）提出有闲阶级论，指出奢侈品的购买和炫耀经常是为了彰显买家的地位。随着价格上升，对奢侈品的需求不减反增。这就是"凡勃伦效应"。之所以出现这种现象，是因为高价会让消费者觉得其内在价值更高，彰显出更高的地位。这是与经典的微观经济学理论背道而驰的。根据微观经济学理论，价格与需求成反比。

耶鲁大学（Yale University）教授兼客户洞察中心主任拉维·达尔（Ravi Dhar）说过："大多数营销人员以为消费者是理性主体，会认真考虑所有选项，做权衡取舍。实际上，消费者是凭大脑的直觉加工做出选择的。他们会凭直觉认为，某个选项比其他选项更具吸引力。"

消费者在不同的选项之间，怎样做出选择？营销人员怎样才能了解他们选择的方式？怎样才能利用相关理解和洞察，打造未来的广告活动和促销方案？这会对定价策略乃至品牌和产品定位产生什么影响？在其他一切条件不变的情况下，消费者看到不同的包装，会做出怎样的回应？为什么会做出这样的回应？行为经济学可以提供一些答案，为营销人员制定更好的策略带来很大帮助。

神经科学

公元前 1600 年，世界上最古老的外科医学文献对脑损伤进行了描述，它体现出人类对大脑的兴趣。[①] 由此可见，我们对认识大脑的兴趣古已有之。随着现代科学技术的发展，进入第五范式，神经科学比以往任何时候都更加兴盛。

以前，我们为新广告、新包装等做调研，会询问消费者喜欢什么，为什么喜欢这个。我们假设消费者说自己喜欢某个产品、包装或广告，是观察过所有细节之后才喜欢上的。同样，我们假设消费者会说出自己喜欢的究竟是什么，也真正明白自己为什么喜欢这个。事实上，消费者的许多感觉（包

[①] 伊斯梅尔·萨拉杰丁（Ismail Serageldin）：《古代亚历山大城和医学的曙光》，美国国家生物技术信息中心（National Center for Biotechnology Information），2014 年 12 月 30 日。

括喜欢或不喜欢什么）是基于潜意识的，几乎是自发的。换言之，消费者可能不知道自己喜欢什么，更不知道自己为什么会说喜欢这个。90%的决策都是在潜意识中发生的。顾名思义，潜意识是潜藏在意识层面之下的。而调研提问或要求受访者评分都是意识层面的工具，单凭这些方面，我们会错失驱动消费者行为的重要信息。神经科学可以为这个领域建立秩序，发挥极其重要的作用。在研究中，科学家让参与者戴上头戴式的脑电帽，脑电帽下有非侵入式的电极或传感器，这些传感器会实时探测到大脑中的电脉冲。假如脑活动出现了某个模式，例如左额叶皮层的活动比右额叶皮层更为活跃，就可能清楚地显示参与者喜欢刚看到的东西；反之，就可能说明参与者不喜欢刚看到的东西。

接下来，给参与者播放一个视频广告。参与者看广告时，神经元释放信号，不同脑区之间相互沟通，屏幕上相应区域亮起。脑电帽可以追踪每一秒的脑活动，绘制出广告每个部分所对应的脑活动图。研究结束时，会确切知道参与者喜欢广告的哪些部分，对哪些部分饶有趣味，对哪些部分无动于衷，讨厌哪些部分，很可能记住哪些部分，等等。要知道，对潜意识记忆的测量不同于对有意识回忆和保留记忆的传统测量。营销人员可以根据这些丰富的信息，采取行动，提升广告的整体效果。

神经洞察公司（Neuro-Insight）创始人兼首席执行官普拉纳夫·亚达夫（Pranav Yadav）表示："在每个故事中，情感都是重要元素。但要让一则广告产生效果，唯一的要素是'长时记忆'，具体来说，是对品牌和重要信息的长时记忆。你要是不记得广告中的重要信息或者品牌推广的瞬间，就不会在市场上采取行动。以前，我们无法测量实际的'长时记忆'，无法准确测量消费者每一秒钟是如何接收品牌推广或重要信息的，当然也无法把场景①纳入考虑。能够得到这种粒度级的数据，对品牌来说会是一项重大突破。"

还有一些类似的方法属于"生物特征识别"技术，效果不一。例如，人脸编码、眼动追踪和皮肤电导都是易于实施的技术，它们虽然不能直接测量大脑，但比起传统的市场调研方法，在质与量方面都带来了更深层次的信息和洞察。

---

① 电视节目还是"照片墙"（Instagram，后简称 Ins.）的信息流。

感官科学

感官科学在营销领域的应用相对较新，我会在下一章"仝感官营销"中详细讨论。大体上来说，运用多种感官对营销人员而言越来越重要，他们需要应用全部感官以在纷繁庞杂的海量信息之中脱颖而出，与消费者互动，从而影响消费者的选择和购买决策。这可以为营销人员带来巨大的机会。营销人员可以有效地协调多种感官，刺激消费者的相关脑区，实现销售目标。这是一个新兴领域，研究人员在这方面已经做了很多探索。

匿名性研究

严格来说，匿名性研究本身并不是一门科学，但由于相关研究在很多领域扮演了重要角色，应用前景广阔，我在这里将其单拎出来讨论。人在独处时的行为，跟在群体或社会环境中的行为是不一样的。一个人可能对自己吝啬，但和其他人在一起时，为了合群，会故作大方。而在匿名状态下，无论有没有其他人在，一个人的行为也可能发生很大改变。匿名状态下，一个人对行为的抑制会减少，甚至毫无顾忌，会大胆地做出在身份公开的情况下不敢做的事，说出在身份公开的情况下不敢说的话。此外，在匿名的社会环境下，群体思维会有所增强。一个人会更大胆、更激进，其他行为也更加突出。

匿名性对消费者行为有何影响，进而对营销人员又有何影响呢？我会探讨 3 个重要方面。

1. 在网购中，消费者并不是真正匿名的，但确实避免了实体接触，消费行为也会为之改变。例如，在保守的文化中，购买亲密用品或女性卫生用品是非常尴尬的，许多人会有所忌讳。但在网购时，即使不是匿名的，也有了一度分隔，也就没有顾虑了。所以说，线上是刺激购买的第一度分隔。如果营销人员更深入地了解匿名性的动态，是否能够刺激需求，影响消费者偏好呢？答案是可以的，而我说的并不仅仅是消除冲动购买的阻力（当然，这也会增加需求）。

2. 完全匿名性提供的第二度分隔是加密货币的使用。消费者用比特币买东西时，没有人能追踪到这宗交易的买家。因此，许多毒品、色情等非法交易都是通过加密货币进行的。事实上，加密货币与网络黑市"丝路"

（Silk Road）的结合一度是非常可怕的。

　　营销人员需要就自家产品或服务品类提出相关的问题，研究消费者对这些问题的回答。例如，如果消费者想购买合法的产品，但出于个人理由想要匿名购买，其购买行为是怎样的？同样，使用加密货币的定价策略是怎样的？如果营销人员以加密货币定价，会赢得消费者的欢心，还是承受加密货币的波动性风险，可能在一轮"过山车"行情之后蒙受巨大损失？每一种方法都有利有弊，但营销人员必须对相应的场景认真思考，审慎地采取行动。

3. 在匿名的社会环境中，一个人往往会更恶劣、更负面。2016年，盖茨堡学院（Gettysburg College）的克里斯托弗·巴特利特（Christopher Bartlett）带领一个研究团队对大学生展开调查。在一个学年里，他们发现，那些感觉网络让自身身份得以隐藏的学生更有可能参与网络欺凌，并且更容易对网络欺凌持积极态度。例如，他们认为"如果对方活该，那就没关系"。①

① 乔·道森（Joe Dawson）：《那是谁？匿名性和行为研究》，美国心理科学学会（Association for Psychological Science）学刊《观察者》（Observer），2018年3月30日。

在匿名环境下，一个人往往会更大胆、更肆无忌惮地攻击品牌。面对群体思维和群起攻击，营销人员要怎样捍卫品牌呢？社交媒体霸占了我们的时间和注意力；对电子设备上瘾已经到了有害的地步；人际交往正在发生变化；社会文化结构也在发生改变。研究这一切背后的科学原理是非常重要的，可以帮助营销人员更好地展示和保护品牌。他们如果能更好地理解相关心理学和动态，也就能够更好地制定策略，做好更充分的准备。这个具体领域的研究和应用仍处于起步阶段，但预计在不远的未来会给营销人员带来许多重要的洞察。

另一个层面，营销人员还必须评估社交媒体平台扮演的角色。用户在这些平台发表对品牌不利的内容，很多时候有失公允。我们是否应该敦促社交媒体平台发展成为品牌的安全之地，免得匿名的网民在上面发表偏激言论呢？毕竟，营销人员通过广告投入为社交平台提供资金。难道我们不应该让这些平台承担起责任，防范和减少品牌遭受的网络欺凌吗？

到头来，我们固然关注技术领域的快速转变，但也不应该忘了影响市场营销的基础科学和最新技术发展。要做好营销，首先要深入理解科学，深度采纳技术。

总　结

+ 各个科学领域在营销界的应用正在发生演变，让营销人员有条件更深入地了解消费者。在第五范式中，这是至关重要的一部分。行为经济学、神经科学和感官科学开始为传统框架提供补充，把市场营销提升到全新的境界。

+ 消费者面对营销信息的轰炸和其他互动，其决策不能纯粹以传统经济学理论或逻辑来解释。借助行为经济学，我们可以更好地了解消费者面对不同选择时会做出怎样的行为。

+ 心理学（尤其是在匿名环境下）会对社交媒体的动态产生直接影响。社交媒体之旅就如同"过山车"一般，这也是无可避免的。营销人员只有深入了解人在匿名环境下的相关心理和行为，才能为此做好充分准备。

第九章 全感官营销

说完科学技术，接下来我们要探讨消费者动态和第五范式中会发生的其他变化，以及营销人员要如何应对和善加利用。

消费者本来要处理的信息已经很多了，而随着许多新设备、新屏幕的面世，引人入胜的沉浸式内容更是如潮水般涌来，信息超载现象会变得更加严峻。面对浩如烟海的信息洪流，消费者应接不暇。他们要么置之不理、拦截信息，要么选择支付获取无广告环境的费用。想要接触消费者并不难，难的是在纷繁庞杂的海量信息中脱颖而出，赢得消费者的欢心。因此，营销人员必须向消费者讲述产品、服务或品牌的故事。

这要怎么做到？靠的是两个字："感官"。多感官营销是量子营销最创新的发展之一。但在讨论多感官营销之前，我们先来了解一些背景知识。

大脑是如何运作的

我们的五种感官会不断地向大脑输送各种信息。不同的脑区会加工这些信息，帮助我们理解周围的世界。接下来，我们会重点探讨几个与营销相关的脑区和加工过程，这些脑区和加工过程会对营销产生直接影响。

首先是传统上称为"原始脑"的部位。原始脑快速运作，不需要耗费多少精力。例如，你看见一只老虎，不会多想，只会拔腿就跑。这是你的反射动作。你的原始脑感觉到危险，你感觉到强烈的恐惧，肾上腺素飙升，当即转身逃命。

感觉大多源自原始脑，这里也是情绪的来源。原始脑也称为"系统1思维"。这是快速的直觉思维，是潜意识产生的，不怎么费脑力。系统1思维主宰了我们许多的行为和决策。

第二是认知脑，与"系统2思维"相关。认知脑会仔细分析信息和情况，分析结果会左右人们采取行动或做出反应的方式。

我们大多数决策都是凭感觉做出的，这是系统1思维。认知脑可能会为决策提供参考，但决策是由感觉驱动的。举一个例子，在消费者看见食品标签上写着"6克蛋白质"时，他对这一信息的加工更多是理性的，是通过系统2思维进行的，对价格的评估也是通过系统2思维进行的。然而，系统1思维会下意识地领会言外之意——根据我们自己的体验，遣词造句、字体、颜色、形状或图像会触发或传递更深层次、更微妙的含义，最终左右我们的购买决策。

可以说，比起理性方面，营销人员需要更多地关注感觉和非语言方面。在解剖结构上，加工气味的脑区位于海马体（大脑的记忆中心）附近。因此，气味会触发最强烈的记忆。无论是通过视觉、听觉、味觉、嗅觉还是触觉，都可以向消费者传递信息。不知不觉中，我们的记忆中储存了数以百万计的数据点。如果营销人员运用适当的视觉效果和符号、音乐和节奏、质感和触感、芬芳和风味，就可以更加深入地打动消费者，使其产生共鸣。

通常情况下，提到广告，营销人员想的是静态广告、音频广告或音像广告。不管是哪一类广告，通过什么模式传播，那些影响力最大的品牌方要都是通过系统1思维引起适当的联想，它们甚至排除了认知脑的影响。如果营销人员能够通过广告活动，有效地引起适当的潜意识联想（例如信任、可靠、创新），就可以取得最佳效果。如果再加上说服理性认知脑的元素，那就更是锦上添花。

在传统营销中，营销人员主要依靠视觉和听觉打动消费者。而在量子营销中，他们需要尽可能充分地利用五种感官。集合五种感官，可以带来巨大的冲击力和影响力，这就是我们所说的"多感官品牌推广"和"多感官营销"。

声音（尤其是节奏和音乐）能够触动大脑的原始部位，

会立即触发人的感觉、情绪，有时候还有动作。此外，从生物学角度来说，消费者要是不想看某个视觉效果，移开目光就可以了；可只要有声音，就不得不听（我们无法选择不去听某个声音）。除非戴上耳塞，不然人总会听到声音。因此，声音是一项非常强大的工具，可以直达人心。

声音可以有多种形式：音乐、旁白和剧中人物台词、环境声等。在第五范式中，我们在音频领域创造出与视觉相当的品牌标志和设计系统，这是利用声音的一大飞跃。我们称之为"品牌专属声效"，可以给每个品牌都打造出专属的、独具特色的旋律。

品牌推广是市场营销的重要部分。品牌专属声效是整体品牌推广的重要延伸，是量子营销的重要元素。品牌专属声效不光是美妙的背景音乐或广告短曲，还可以创造出全面的音效品牌架构——类似于营销人员现有的视觉品牌架构。目前，品牌通常有一个标志和设计系统，让人一看就联想到这个品牌；同理，营销人员需要打造出品牌声音识别，让人一听到这段旋律，就可以马上辨认出这个品牌。

在早期的营销范式中，我们会创作广告短曲，让人一听到这段旋律，就马上联想到某个品牌。这个方法比较单　，但效果很好。我和大多数人一样，还记得儿时听过多个品牌的广告短曲。其中有些我很喜欢，也有些令我讨厌，但无论怎样，它们都绝对不会被我忽略。如今，广告短曲已经远远不能满足营销人员的需要。[①]

万事达卡打造品牌专属声效的案例值得研究借鉴。[②] 为了打造出全面的音效品牌架构，我们首先设计了一段 30 秒的通用旋律。这是品牌音效的核心基因。这一系列的音符依次排列起来，产生的旋律首先必须是优美动人的。显然，我们不希望品牌与不好听的旋律联系在一起。这段旋律必须符合以下条件：

- **难忘**——只有旋律难忘，才能与品牌建立联系。
- **朗朗上口**——只有朗朗上口，才能让人记得更深，产生"耳虫"效应。这个说法有点难听，但声音或旋律是非常积极的，会烙印在你的脑海中。
- **中性**——应该适合任何情境，有利于传递信息；不宜过于

---

① 艾里斯·赫恩（Iris Hearn）：《关于品牌专属声效，万事达卡教会了营销人员什么》，"影响力"网站（Impact），2019 年 2 月 13 日。
② 马克·威尔逊（Mark Wilson）：《万事达卡刚推出音效标志，听起来是这样的》，快公司（Fast Company），2019 年 2 月 13 日。

强势，盖过其他声音。

- **适宜于各种文化**——音乐是人类的通用语言，但在不同国家、不同地区和不同文化中，会给人留下不同的印象。因此，我们要确保这段旋律在各大洲各种文化中都是优美动听的。

- **适合任何音乐流派，易于改编**——无论观众听的是古典主义歌剧还是电子舞曲，无论是在乡村音乐节还是在摇滚演唱会上，这段旋律都必须完美契合。

- **适合任何情境**——无论是热闹的足球比赛，还是柔和美丽的浪漫之夜，无论是震耳欲聋的夜店还是庄严怀旧的地方，这段旋律都必须适合改编。

我还记得，我把这样的诉求交给各大音乐代理商时，对方一头雾水，目瞪口呆！

我们与音乐家、音乐学家、作曲家、工作室和多位艺人紧密合作了两年，得出了这么一段旋律。借用林肯公园（Linkin Park）联合创始人、优秀音乐家麦克·信田（Mike Shinoda）的话：这段旋律既简单又独特，只要在速度或配器上做一些微调，就马上适用于不同的文化。

万事达卡的每一则广告都拿这段旋律做背景或前景音乐；万事达卡的所有活动和论坛上都会播放这段旋律；你打电话到万事达卡办公室，等待通话时也会听到这段旋律。我们甚至以此制作了许多手机铃声，供人下载。万事达卡的这段旋律经过了严格的测试，经神经学研究验证，会使人浮想联翩。旋律悦耳、难忘、朗朗上口，非常适合任何情境、音乐流派和文化。因此，在世界任何角落、任何情境下，大家都喜欢这段旋律，也为之触动。无论放在什么情境下，都非常适宜。

品牌专属声效的分类

这段 30 秒的通用旋律是品牌架构的第一层，也是最基础的一层。同时，我们采集了这段旋律中长度为 3 秒的子集，作为"声音签名"（见图 6）。声音签名的最佳范例之一是英特尔（Intel）。这家公司在每个广告的结尾，都会加上耳熟能详的声音标志。万事达卡声音签名的独特之处在于，它是从通用旋律中采集的，与通用旋律关系紧密，相辅相成，加强了万事达卡的声音识别。①

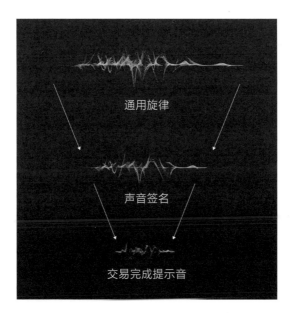

图 6　声音识别漏斗概念图

　　万事达卡每个广告的结尾都有这个声音签名。这是品牌专属声效的第二层，我们会寻找更多机会，加强应用。例如，公司所有个人电脑和笔记本电脑在开机时，都会播放这个声音签名。

---

① 蒂姆·纳德（Tim Nudd）：《在不同地方和不同应用程序上听万事达卡不同风格的新品牌旋律》，"克里奥的缪斯"网站（Muse by Clio），2019 年 2 月 13 日。

此外，还有第三层：我们从这 3 秒中再采集一个 1.3 秒的子集。用户在实体店或数字设备上使用万事达卡时，机器都会响起这个提示音。我们称之为"交易完成提示音"。每次交易成功，消费者都会听到万事达卡的这个提示音，安心完成支付。在本书撰写时，万事达卡交易完成提示音已经应用于全球逾 5000 万个交互点，并继续保持高歌猛进的发展势头。

50 多年来，为了让品牌标志取得广泛认可，我们持续投资于品牌建设，使全球各地的消费者不用看到"万事达卡"的字样，也能认出我们的标志。事实上，我们在 2019 年初从品牌标志中拿掉了公司名，成为少数由经典的标志符号本身来代表品牌的公司之一。①

要让品牌专属声效达到这样的识别度，我们不想再等 50 年，也等不了这么久。怎样才能快速宣传品牌的专属声效呢？为此，我们制定了 3A 策略：意识（awareness）、联想（association）和归因（attribution）。首先，我们要让消费者"意识"到这段旋律。认出这段旋律以后，他们需要"联想"到万事达卡，也就是说，要在声音与品牌之间建立联系。最后，经过一段时

---

① 艾伦·亚当森（Allen Adamson）：《万事达卡明智的品牌推广新战略比言语更响亮》，《福布斯》，2019 年 1 月 7 日。

间，消费者就能正确地把这段旋律"归因"于万事达卡。

怎样才能让消费者形成强烈的意识呢？不能单凭在广告和视频中反复播放这段旋律。于是，我们决定创作属于自己的原创音乐，微妙地把万事达卡的品牌旋律融入其中。关键在于微妙。要是某一首歌听起来像公司司歌只会招人厌烦的，更不要说每一首都是如此了。我们需要小心处理。品牌旋律需要以美妙而自然的方式，与每一首歌交会在一起。于是，我们踏上了这段征程，在2020年初推出了第一首流行歌曲《旋转木马》（*Merry Go Round*）①。我们与世界顶尖的音乐人才合作，接下来还会推出一张正规音乐专辑，名为《无价》（*Priceless*）！

万事达卡的品牌专属声效才推出一年，就赶超了多个几十年前就推出了品牌声音的品牌，登顶全球最佳音效品牌榜。②

---

① 《旋转木马》，YouTube 视频，万事达卡在 2020 年 1 月 7 日上传。
② 《品牌传播机构 AMP 发布"2020 最佳音效品牌"榜》，AMP 新闻稿，2020 年 4 月 14 日。

味觉

除了视觉和声效品牌策略之外，万事达卡还开始利用味觉。味觉与原始脑联系非常紧密，会快速对消费者产生影响。一个人喜不喜欢某个味道，多半尝一口就知道。如果一尝到某个味道就不喜欢，那么想让这人喜欢上这个味道，可能需要很长时间。

如果一个品牌与食品或饮料有关联，那么，利用味觉做营销也是理所当然的事。可是，万事达卡与味觉并没有天然的关系，该怎么办呢？诚然，我们可以发行可食用的预付卡，但这多半不是明智之举。于是，万事达卡推出了"无价餐桌"（Priceless Tables）计划，在富有异国风情或者完全出人意料的地方设置一两张餐桌，奉上美味的晚膳。比如在曼哈顿的广告牌顶部，芝加哥博物馆的恐龙骨架旁边，还有棒球内场上。[①] 我们在全球各地设置了几千张这样的餐桌，大规模地为消费者创造出绝妙的体验。活动直接提升了品牌形象，在社交媒体上引发热议。

---

① 博客文章，营销协会（The Marketing Society）。

我们甚至在曼哈顿等地开设了餐厅。一些餐厅的设计忠实还原了世界各地具有异国风情的餐馆。我们也会不断地变换主题，保持概念的新鲜感。例如，其中一家是充满异国风情的"岩石餐厅"（The Rock），坐落在坦桑尼亚的桑给巴尔岛海滩的一块岩石上。我们巨细无遗地复制了这家餐厅，包括每个窗户之外的景色，使客人在这里用餐与在原餐厅用餐别无二致。菜单、海风、海的气息，还有融入了万事达卡品牌旋律、特别作曲的背景音乐，这一切都打造出令人叹为观止的体验。这样做的目的是打造让人心旷神怡的多感官体验。"这种体验千金难买，只有万事达卡可以为你呈献。"①

万事达卡甚至与法国精致糕点品牌拉杜丽（Ladurée）合作，创作出口味独特的马卡龙。"热情"与"乐观"两款口味的马卡龙分别为红色和黄色，组成了万事达卡品牌标志的颜色。这两款马卡龙在拉杜丽精选门店售卖，也会在各大活动和大会中提供给万事达卡客户，通过味蕾加深他们对品牌的印象。②

再举一个多感官品牌推广的绝佳例子。阿斯顿·马丁

---

① 琳赛·斯坦（Lindsey Stein）:《万事达卡全新的纽约美食体验令人叹为观止》,《广告活动》杂志美国版（Campaign US）, 2019 年 7 月 30 日。
② 巴里·莱文（Barry Levine）:《万事达卡以定制马卡龙为品牌定位增添美味》,"营销潜水"网站（Marketing Dive）, 2019 年 9 月 24 日。

（Aston Martin）是一家知名英国汽车制造商，也是詹姆斯·邦德（James Bond）钟爱的座驾品牌。这个品牌在多感官品牌推广方面成绩斐然。这是一个奢侈品品牌，销售量自然是有限的，也没有庞大的营销预算。因此，这家公司没有依赖传统营销，而是力求在新领域扩大品牌影响力。其中一个方向就是感官营销，包括品牌专属声效。

这个品牌存世 100 多年了，其声音识别自然是在最近几十年逐步形成的，核心是独特的引擎声。排气声浪是汽车的轰鸣，其音效经过精心设计，一踩油门，就可以从低沉浑厚转为狂啸。从安全带应用提醒和低油量提醒，到换挡杆入档的咔嗒一声，再到真皮内饰轻微的嘎吱作响，汽车发出的每一个声音都经过悉心打磨，务求与引擎声和谐统一。

无论多么微不足道，声音识别的每个元素都是经过精心设计的。以安全带应用提醒为例，阿斯顿·马丁选择了比较悦耳的提醒声，没有用要求的语气，而是用了建议的口吻。如果驾驶员置之不理，提醒声的强度会提升到第 2 挡、第 3 挡，敦促驾驶员务必系上安全带。声音识别的基本要素是让汽车发出的声音与品牌的视觉识别相匹配。声音要凝聚和表达出品牌的精湛工艺、优雅品位和独特个性。

阿斯顿·马丁还运用了触觉和嗅觉。阿斯顿·马丁汽车内饰的制作耗时 100 多个小时，从顾客抚摸真皮内饰时感受到的独特触感，到真皮散发出来的芳香，都给人带来一种感官体验。真皮的芳香十分特别。阿斯顿·马丁经典车修复展示中心（Aston Martin Works）在修复阿斯顿·马丁老爷车时，会从原来的供应商采购真皮，确保还原这辆车真皮内饰原有的芳香。这家公司为了忠于品牌展示的每个方面，始终如一，可谓痴迷不已。

阿斯顿·马丁汽车公司市场营销和品牌战略总监杰勒德·福里（Gerhard Fourie）表示："几十年来，品牌识别持续发展。即使我们现在步入了新的营销领域，也必须维持品牌的本质。为此，我们不遗余力。"

除此之外，还有多家公司踏上了多感官品牌推广之旅，不过还只是刚刚起步。万豪酒店等连锁酒店在近些年来的品牌推广活动中，会使用"标志性香氛"。[1]多家零售商也采用了类似的方法，利用芬芳的气味来调动人的大脑边缘系统，也就是与记忆和行为最相关的脑区。

---

[1] 安德烈娅·程（Andrea Cheng）（音译）：《一家酒店是怎样打造出标志性香氛的》，悦游（Conde Nast Traveler），2019 年 8 月 2 日。

耐克发现，在门店使用香氛之后，顾客的购买意图增加了多达 80%。在一份类似的报告中，英国一家设于加油站的微型超市发现，在咖啡飘香之际，销售量会增加 300%。[1] 但是，请不要把这些例子与品牌专属声效混为一谈。光是利用香氛提升消费者的体验，刺激他们的大脑，唤起他们的感觉，并不是感官品牌推广，只是感官刺激而已。在感官品牌推广中，声音、气味、味道、触感等都是这个品牌专属的，与这个品牌有独特关联的，可以辨认出来的，这才是用多种感官打造的品牌识别。

做多感官品牌推广，就要集合五种感官触达消费者，同时又要保证传播方式真挚动人，与消费者相关，但又不会打扰他们。唯有如此，才能在纷繁庞杂的海量信息之中脱颖而出，打动消费者的心。

---

① 《商业的气息：企业怎样利用气味销售产品》，Independent.co.uk.

总　结

多感官营销是量子营销一个非常重要的原则。

✦ 营销人员想要在日益纷繁庞杂的海量信息中脱颖而出，需要集中运用五种感官打动消费者。

✦ 在智能音箱、物联网和可穿戴设备的世界里，消费者看不见实物，品牌需要用声音展示自己。

✦ 品牌专属声效不只是一首广告短曲或声音标志，而是全面的品牌识别，有清晰的架构。

第十章 | **忠诚度的转变**

最近，我在英国广播公司（BBC）网站上看到一篇文章，顿时坐直了身子。据这篇文章所说，75% 的男人和 68% 的女人承认曾经出轨。[1] 我原本还以为这个数字是 30% 左右呢，最多是 50%……

针对这个领域的专门研究相当少。其他研究显示，出轨的百分比为 30%—60%。研究还发现，一段婚姻以离婚告终的概率在 50%—60% 之间。新人会在婚礼上庄严宣誓，也知道离婚会有严重的后果。他们宣誓忠于彼此，"直至死亡将我们分离"；有些婚礼还有神职人员做见证人；有些新人还会在婚礼上念祷文。

众所周知，如果婚外情曝光，自己要付出高昂的代价，除了名誉受损之外，还要承受沉重的财务损失，自己和身边的人也会经受严重的感情创伤。不忠的代价是高昂的。

可是，绝大多数人明知道出轨的代价，还是会做出不忠诚的事。那么，不忠诚是不是先天决定的呢？

换一个问法，如果大多数人对自己的伴侣不忠，营销人

---

① 威廉·帕克（William Park）：《我们为什么需要讨论出轨》，英国广播公司未来频道（BBC Future），2019 年 6 月 25 日。

员和商人怎能指望消费者是忠诚的呢？ 这种期望现实吗？ 一个人对婚姻都不忠，我们却想让这人对品牌忠诚，这不是痴心妄想吗？ 毕竟，对一个人的生活来说，品牌受到的关注是很靠后的。我们是不是弄错了什么？ 是否需要重塑忠诚度呢？

什么是忠诚度？

我们先从最基本的概念说起。什么是忠诚度？ 根据韦氏词典（Webster）的定义，"忠诚度"（loyalty）是指面对断绝关系、抛弃或背叛的诱惑，依然坚定不移地保持忠实。其同义词或近义词是：piety（虔诚）、fidelity（忠实）、allegiance（效忠）、fealty（忠义）和 devotion（投身）。

这些词的含义非常相似，在日常用语中，我们经常会互换使用，但其含义还是有细微差别的："piety"（虔诚）是指出于承诺或责任而忠于某个对象；"fidelity"（忠实）是指持续地严格忠于某个义务、信任或责任；"allegiance"（效忠）是指类似于公民对祖国的忠实；"fealty"（忠义）是指个人承认的忠实，跟庄严宣誓一样令人信服；"devotion"（投身）强调热忱和服务，奉献自我。由此也可以看出，忠诚度这个概念是很全面完整的。

这些词共同表达了对某个人或某种事物坚定不移的承诺和奉献。例如，人们可能忠于某座城市，在演唱会上听到歌手喊出这座城市的名字会欣喜若狂地尖叫，但这并不代表他们不会搬到其他城市；安家以后，他们也会坚定地支持新的城市。同样，人们对祖国感情深厚，甚至超出了对城市的感情。但为了谋求更好的机会，他们还是会移居海外，变更国籍，亲近和效忠于新的国家。

在生活中，人们对某些方面的归属感、效忠程度和忠诚度比其他方面更高。例如，有些人是某个球队、某个政党或某项事业的忠实拥趸。基本可以说，这就是他们的心头好。一个人可能有许多爱好，例如音乐、体育运动、慈善、艺术、文化等，他们对这些方面都会产生强烈的归属感，忠于这份爱好。这完全是自愿的。如果他们想要改弦易辙，没有人会责怪他们。

回到婚姻的话题上。结婚或恋爱是自愿的，夫妻和恋人之间自然而然地有一份承诺。婚姻或恋爱关系通常是排他的，"弱水三千，只取一瓢"。同婚姻关系相比，在体育运动等领域，一个人可能是某支球队的忠实粉丝，也可能同时支持几个运动项目和几支球队，并没有默认或情绪上的排他性。

这里的假设是，人类并不是专一的。这里面有一个有趣的忠诚度等级，我在本章后面会详细介绍。

各大品牌是时候好好想一想这个问题了。我在上文中提到，大多数人对自己的配偶都不忠诚，我们是不是应该问一下自己，凭什么要消费者对品牌忠诚呢？值得留意的是，在各个产品品类中，消费者平均参加了 15 个忠诚度计划，但只有 25% 的消费者实际上会使用这些计划，只有 22% 的消费者认为自己对品牌忠诚。就像 75% 的人会出轨一样，大约相同比例的人做不到对品牌保持忠诚。①

那么，忠诚度平台和计划是不是百无一用呢？并非如此。事实上恰恰相反。正因为消费者不忠诚，即使他们目前在光顾你的竞争对手，你也可以把他们争取过来。同样，即使消费者是某个品牌的老顾客，也随时可能投入其他品牌的怀抱。忠诚度计划需要发展演变，以便在消费者每次做出选择时发挥重要作用，同时也要考虑到消费者的心态，利用这些洞察。

利用忠诚度计划，营销人员要改变心态，从"赢得并留

---

① 詹姆斯·索罗维基（James Surowiecki）：《品牌的黄昏》，纽约客（New Yorker），2014 年 2 月 10 日。

住消费者",转变为赢得每一单交易,在成功交易的基础上去争取下一单。它的目标是赢得消费者对自家品牌"更高的偏好份额"。消费者不介意倾向于某个品牌,但要是别处有诱惑和机会,他们也会到别处去。以商店的忠诚度计划为例,一个消费者或许是开市客(Costco)的会员,但这并不代表她没有克罗格(Kroger)的忠诚卡,也不代表她没有注册亚马逊金牌用户(Amazon Prime,后简称"亚马逊Prime")会员并在其平台购物。对一个品牌来说,赢得消费者一定的忠诚度是值得争取的目标;但不能要求或期望消费者对品牌专一,这是不可能做到的。

说起品牌忠诚度,我会想起20世纪六七十年代在美国、印度和欧洲国家看到的嬉皮士公社——所有社员及其精神领袖都憧憬"自由之爱",不愿意承诺遵从某一种生活方式。他们也是这样做的。没有承诺,也就意味着任何时候的任何一段关系都是不需要条件的,也不用考虑结果。这就像当今第五范式中的消费者,有那么多选择可以尝试,为什么要忠诚呢?

我们再换一个角度:我们会说,顾客就是国王或王后。这个心态是很好的,毕竟支付我们薪水的说到底还是顾客。许多品牌很久以前就认识到这一点,所以会自豪地宣告"顾客就是国王"或"顾客总是对的"。但如果顾客就是国王或王后，那么是谁应该忠于谁？是国土忠于臣民，还是臣民忠于国王呢？当然一定是臣民（品牌）应该忠于国王，借用《权力的游戏》（*Game of Thrones*）里的一句台词，应该"卑躬屈膝"（bend the knee）。营销人员和企业必须从这个角度反思我们对待忠诚度的方式。

接下来，我们会探讨在量子营销框架下，如何打造出新的方式。但在此之前，我们先来简单总结一下：

- 想要消费者对品牌专一，是不切实际的期望。

- 品牌方和企业应该认识到，消费者期望品牌对自己忠诚，而不是自己对品牌忠诚。

- 营销人员需要了解消费者忠诚度的真正动态，以及怎样才能与消费者建立健康的关系。

量子营销方式是怎样的?

我说了这么多,并不是要品牌把品牌计划抛到九霄云外,直接大打折扣和做自有品牌业务。市场营销完全可以促进高额和高频的消费。不过,我们首先要了解什么是"忠诚度等级"(见图7)。

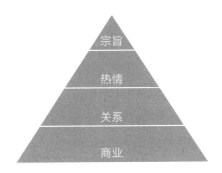

图7　忠诚度等级金字塔

忠诚度是一个连续统一体,分为4个等级:

- **宗旨和善因导向**。这是最高等级的承诺。消费者全心全意地大力支持气候变化、教育、收入平等或医疗研究等方面的慈善和公益事业(也就是所谓的"善因"),超越了自私自利的动机,也不期望得到回报。他们很关心这项善因或宗旨，会予以全力支持，也会维持这份承诺。

- **热情导向**。随便去看一场体育比赛，你就会感受到观众的热情。有些人会成为某个体育项目或球队的粉丝，当然也会为之痴狂。他们支持球队，成为球队的忠实拥趸。像宗旨导向型忠诚度一样，这也是单向关系：球迷是球队的超级粉丝，但球队队员甚至都不知道这名粉丝的存在，而这名粉丝丝毫不会为此感到困扰。球迷会自豪地穿上颜色一致、含有球队标志的球衣，也会从这样的展示中获得强烈的自豪感和认同感。

- **关系导向**。在一段关系中，双方都对彼此许下明示或暗示的承诺。这不仅仅是承诺，在很大程度上还包含对彼此的期望。上述前两个等级相对来说是一辈子的联系，而关系可以是流动的，强度也与前两个等级天差地别。

- **商业导向**。这是最低的、也是交易性质最强的等级，是一种价值交换。消费者付了钱、做了点什么，就得到了相应的回报。只要消费者觉得这种价值交换诱人、公平，就会继续光顾这个品牌。但他们对其他机会抱着非常开放的态度，很容易就会跑掉。企业提供激励和奖赏，想要留住消费者，还以为这就是培养了忠诚度！

亲和力万岁！

在第五范式中，营销人员需要改变传统的长期忠诚度计划，转而打造有效的"亲和力平台"。"亲和力"可以指"物体或粒子之间的一种吸引力，它能使之组成化合物并维持稳定"。这个定义与量子化学的定义十分接近。在第五范式中，我们会专注于让品牌与消费者产生相互吸引。这恰恰是品牌应该努力实现的目标：每一刻，都让品牌保持亲和力，对消费者产生吸引，把消费者留住。一旦这种吸引力消失了，就像婚姻破裂一样，消费者就会离品牌而去，而且离去的速度会比夫妻离异更快。

怎样形成品牌亲和力和吸引力

从 4 个忠诚度等级方面努力

在营销战略和组合中，融入 4 个等级（宗旨、热情、关系、商业）的元素。这意味着要尽可能细致入微地了解消费者的心态，包括他们关心什么慈善和公益事业（宗旨）、是什么的粉丝（热情）、家庭和社交网络是怎样的（关系），以及购买行为是怎样的（商业）。4 个等级要全部同时纳入，缺一不可。

- **宗旨**。如果某个消费者热爱环保，就要在营销组合中纳入环保元素。例如，营销人员可以提供环保产品和包装；把公司利润的一小部分捐给环保事业；如果消费者归还产品包装以便回收利用，可以打折，等等。

- **热情**。如果消费者热爱高尔夫球，至少要在传播材料中采用高尔夫球相关的图像，利用高尔夫球媒体渠道传播信息。比如，营销人员可能需要围绕高尔夫球推介产品，即使自家产品品类与高尔夫球本身无关，也要创造机会、建立联系。可以邀请消费者参加高尔夫球活动，与职业高尔夫球手见面，或者赠送签名纪念品。

- **关系**。家庭结构（单身还是已经成家，父母和子女同住还是空巢家庭）、社交网络（志趣相投的人往往会聚集在一起，营销人员也需要了解消费者受到什么人的影响，或者会影响什么人）、转换品牌的倾向（我们姑且称之为"品牌不忠度"吧），这些方面都十分重要。营销人员要思考怎样构建产品和优惠方案，选择怎样的传播形式、怎样的内容和媒体渠道等，这些统统要认真参详。

- **商业**。消费者希望买到划算实惠的产品。许多消费者甚至要觉得捡了便宜，才肯转换品牌或者继续选用现有品牌。每位消费者都有一定的价格弹性，即价格在一定范围内波动，都是愿意购买的，但不同的价格点会影响到消费者的需求和选择。营销人员在定价和制定促销策略时，需要把这些方面纳入考虑，确保每一次都能赢得消费者的青睐。

打造场景化偏好管理平台

通过场景化偏好管理平台，营销人员可以制订条理清晰的计划，把 4 个忠诚度等级全部融入其中，保证计划与消费者和营销人员都息息相关，并为之创造价值。

无论是购买数据还是位置，都要及时获取消费者的实时信息

这决定了下一次要给消费者提供的最佳优惠或交流信息，以及在什么时候、在什么位置推送这些信息。

对待场景化传播，不可掉以轻心

在消费者购买之前、期间和之后，都要加强与消费者的互动。简单地说，这就像实时的升级版场景化偏好管理。了解消费者身上发生了什么事，以及消费者周围发生了什么事，都是至关重要的。

关键是要认识到，赢得消费者的偏好并不是一劳永逸的，而是每次都要去争取的。营销人员要赢得消费者的每一单交易，就必须在关键时刻了解到每一单交易是在什么场景下发生的，掌握交易的位置、场合和动机，以实现"吸引、说服、转化、满足和重复"的目标。

利用传统的忠诚度平台

借此，营销人员可以让消费者持续对品牌形成积极倾向。这些忠诚度平台可以给消费者提供一个可感知的理由，让消费者继续选择这个品牌并投入感情。消费者多用也好，少用也罢，有一个诱人的选项总是好的。这就像一份保险单，消费者可能会用到，也可能用不着，但有了总是比较安心和满足。

为消费者带来喜悦

要留住消费者，最好的方法莫过于在整个购买生命周期中（从购买、使用到复购），始终为消费者带来直观而愉悦的体验。

在量子营销中，忠诚度管理平台要转化为永久性的偏好管理，为赢得消费者的积极倾向而制订计划，为消费者提供令人愉悦的体验。这些方面需要协同合作，即使消费者的心是善变的，也要尽可能地吸引和留住他们。这一切都需要与品牌联系起来，以此形成和加强品牌亲和力。

当今世界，消费者会因为一条推文就决定选择或抛弃某个品牌。想让他们对我们的品牌忠诚专一、多年不变心，是不切实际的。这一切都意味着营销人员必须通过场景、体验和情感，糅合偏好管理的艺术和科学，打造系统性的计划和平台（见图8）。

给我亲和力吧，给我吸引力吧，给我场景吧，给我相关性吧，给我体验吧！我会给你可盈利的业务增长和可持续的份额提升——在未来的量子营销世界中，消费者的这些心理都可以让品牌朝着正确的方向前进。

图 8 偏好管理

总 结

✦ 营销人员要想想看，凭什么要消费者对自家品牌忠诚呢？

✦ 品牌方应该认识到，消费者期望品牌对自己忠诚，而不
是自己对品牌忠诚。

✦ 在第五范式中，营销人员需要彻底重塑忠诚度策略。

✦ 忠诚度是一个连续统一体，分为 4 个等级的承诺。营销
人员需要了解全部 4 个等级，将其融入亲和力策略。

✦ 营销人员需要通过打造场景化偏好管理平台，制订条理
清晰的计划，把 4 个等级都融入其中，保证与消费者息
息相关，并为之创造价值。

第十一章　广告已死！

现代人的生活方式发生了深远的变化。每个人都持续沉浸于多个屏幕之中：平板电脑、智能手机、电子阅读器，当然还有人们的老伙计——电视和电影屏幕。他们看视频、聊天、阅读、收发电邮、玩游戏、学习新知识……总的来说，内容纷至沓来，其中夹杂着不计其数的商业性信息。屏幕繁多，信息轰炸，不断有新的内容令人分心。这使人的注意力极度分散。人脑发生了生理变化，注意力持续时间缩短。据估计，人类目前的平均注意力持续时间还不到 8 秒，比金鱼还略短一点！[①]

一个人每天平均会接触到 3 000—5 000 条商业性信息。[②]每一天！这是巨大的信息超载，令人应接不暇。

于是，营销人员每天需要与 3 000—5 000 条信息竞争，努力在纷繁庞杂的海量信息之中脱颖而出，吸引消费者的注意力，让他们了解自家品牌、产品或服务，对自家品牌产生好感，选择光顾自家品牌。

这是多大的挑战！

还有几个因素让情况更加复杂。

---

① 凯文·麦克斯帕登（Kevin McSpadden）：《你现在的注意力持续时间比金鱼更短》，《时代周刊》，2015 年 5 月 14 日。
② 瑞安·霍姆斯（Ryan Holmes）：《我们现在每天会看到 5 000 条广告……以后还会更多》，领英（LinkedIn），2019 年 2 月 19 日。

在日常生活中，人们都想要流畅、无缝、不受干扰的体验。他们不喜欢阻力，不喜欢干扰。比如，他们正看着好看的电影、连续剧、新节目或猫咪视频，沉醉其中，这时突然间冒出了一个愚蠢的广告，那么这种粗鲁的打扰是很讨人嫌的。人们之所以会忍受广告，是为了获取免费的信息、娱乐或其他内容。但世上没有免费的午餐，人们用自己的注意力来交换想要的娱乐或信息。换言之，注意力是一种通货。

遇到讨厌的广告，消费者会怎样应对呢？他们通常会利用广告时间去上洗手间、查看电邮，或者做点别的事情，转移注意力。

人们变得越来越聪明了，这也是理所当然的。他们发现了广告拦截程序。广告拦截程序启动后，就可以阻止广告在屏幕上出现。换言之，至少在这个屏幕上，营销人员完全被拦截了，接触不到消费者。广告拦截程序并不罕见，也并非只有技术达人才知道。据估计，目前使用广告拦截软件的消费者人数介乎 6 亿[①]——20 亿（约占世界人口的 1/4）之间[②]。这个数字还

[①] 布赖恩·克拉克（Bryan Clark）：《目前全球逾 6 亿台设备在使用广告拦截程序》，"下一个网络"网站（The Next Web），2017 年 2 月 6 日。

[②]《全球使用广告拦截程序的人数超过 20 亿了吗？》，达克·希尔斯博客（Doc Searls Weblog）于 2019 年 3 月 23 日发表。

在连年上升。至少在安装了广告拦截程序的屏幕上，营销人员已经接触不到消费者了。

为了有效解决消费者的痛点，有些手机制造商（尤其是在亚洲）在浏览器上支持广告拦截插件。[①] 于是，消费者买了智能手机，就可以启动广告拦截插件，把营销人员拒之门外。

除此之外，还有一个层面：消费者想要一个干净清爽无广告的环境。于是，他们不再拿自己的注意力去做交换，而是宁愿花钱，支付获取无广告环境的费用。YouTube 高级版（YouTube Premium）会员每月付费 12 美元，主要为的是获取流畅、无缝、无广告的视频观看体验。同样，葫芦网站（Hulu）[②] 也提供无广告的高级套餐，吸引了大批用户。

此外，消费者还纷纷涌向网飞（Netflix）[③]、亚马逊 Prime 以及多家小型供应商提供的无广告平台。对消费者来说，这是纯粹的无广告天堂！ 对我来说，这让我逃离了广告干扰和轰炸的地狱。有很多次，我看着音乐短片，听歌听得正兴起，却突然插入了广告！ 站在消费者的角度，这让我讨厌极了！ 有

---

① 马尼什·辛格（Manish Singh）：《三星安卓手机的预装浏览器有广告拦截功能》，小玩意 360（Gadgets 360），2016 年 2 月 1 日。
② 流媒体服务。——译者注
③ 流媒体服务。——译者注

许多次，我心生烦躁，要么索性关闭了这个平台页面，要么就去找无广告的付费套餐。站在正常人的角度，找欢迎广告拦截程序，也不介意支付获取无广告环境的费用，只想让那些讨厌的营销人员别来烦我！

这真是所有营销人员的噩梦。营销人员必须认识到，消费者在积极地用钱包投票，蜂拥进入无广告环境，不计其数的人在启动广告拦截程序。因此，传统的广告模式必须改变。我们怎能忽略这个趋势，抓着老式的传统广告模式不放呢？

为了引发团队成员思考，我总是说，广告已死。虽然还没有全死，但按照现有的趋势，它迟早都会死的。

量子营销方案

营销人员要想想其他办法，吸引消费者并与之互动。

口碑营销是很有效的。营销人员希望消费者讨论他们的品牌和产品，这不是什么新鲜事。要传播产品、服务或品牌的信息，口口相传是最可靠、最稳妥、最可信、最有效的方法之一。这个基本原则至今仍然成立。每个人在现实和数字网络中，都有愿意倾听自己的关联者，这种传播不会遭到拦截。企业要让消费者成为品牌的代言人、大使、推广人和口碑传播者，同时还要淡化销售痕迹。

关键的问题是，怎样才能大规模地做到口碑营销，并保证它符合经济效益呢？

量子体验式营销应运而生。体验式营销本身并不是什么新鲜事，它在过去几十年里一直行之有效。但在量子体验式营销中，我们要打造和策划现实与数字相结合的体验，加上传统、数字和社会化传播战术。这可以有效释放品牌差异化、消费者互动和偏好管理方面的潜能。

这是从传统的品牌方导型营销战略到体验式营销战略的转变。我把这一过渡称为"从讲故事到'造'故事"。

新方法是这样的：我们首先要联系影响力强的消费者、意见领袖或"产消者"，也就是参与产品设计和研发或为其提供意见的潜在消费者；然后给他们创造出独特的体验，抓住他们的注意力，放飞他们的想象力。这些体验应该是完美无瑕的，能够在他们心中留下持久的印象。如果能够做到这一点，他们就会很想跟其他人讲述自己亲身体验的故事。这个体验是依靠某个品牌实现的，这一点会在故事中微妙地传达出来，且真实可信，恰如其分。接下来，我们要把这个故事放大。

那么，问题来了：一般人会跟亲戚、朋友或者社交圈里的其他人讨论品牌吗？答案是肯定的！大家不仅会在商业场合讨论品牌，还会在日常社交圈里讲品牌的好话和坏话。例如，研究发现，92% 的 Ins. 用户关注了某个品牌或品牌相关内容。[①]事实上，单凭一个影响力强的帖子，就足以在一夜之间左右品牌的成败！

研究还发现，74% 的人会根据用过某个品牌产品的熟人的推荐，而选择或偏好这个品牌。[②]就连在社交圈之外，口碑也是有效的宣传方法。想想看，其他消费者会在亚马逊或沃尔玛网站上留下评论，在优步（Uber）和来福车（Lyft）网约车平台上给司机评分。只要能够有效部署和管理，量子体验式营销会成为一个非常重要的渠道，它可以调动消费者对某个品牌或产品的偏好，从而促进购买。

关键是记住以下几点：

1. 体验必须突出。这个突出未必是要特别奢华或昂贵，

---

① 库珀·佩奇（Paige Cooper）：《2020 年对营销人员来说重要的 43 项社交媒体广告统计数据》，互随（Hootsuite），2020 年 4 月 23 日。

② 罗伯托·加文（Roberto Garvin）：《目前 74% 消费者的购买决策会受到社交网络影响》，"阿瓦里奥"网站（Awario），2019 年 5 月 11 日。

而是要别具一格、富有创意。这种体验需要与消费者息息相关，对他们产生吸引，也要与品牌或产品品类相关。

2. 营销人员要为"产消者"、有影响力的消费者和意见领袖提供这些体验。

3. 要为消费者提供完美、无缝、美妙绝伦的体验，给他们留下深刻的印象和持久的记忆，这是极其重要的。

4. 在整个体验过程中，需要自然而然地引发品牌联想，切忌生硬牵强。务必要让消费者在美好的体验与带来这种体验的品牌之间建立紧密的联系。无论体验有多好，要是没有适当的品牌归因，那么对营销人员来说也是毫无意义的。

5. 以不唐突的方式让消费者通过自己的传播渠道，分享自己的体验和故事。请记住，如果体验感受不好，他们更容易告诉别人。所以，请参阅上文第 3 点。

6. 放大这些故事。通过传统、数字和社会化传播渠道，向合适的受众传递这些故事。

7. 确保这些体验是可扩展的。要是打造出的体验受众面很小，只有少数人能够接触到，那它只能算是一个新

奇玩意儿。就像创作出珍贵的艺术品，却只有寥寥几
人可以欣赏的话就毫无意义。

8.　确保所提供的体验在经济上是可行的、可持续的。

第 3 点、第 7 点和第 8 点是最难实现的，但也是决定成
败的最重要因素。

爱彼迎（Airbnb）、雷克萨斯（Lexus）、《华尔街日报》（*Wall
Street Journal*）等多家公司已经在有效地开展体验式营销，打
造和策划消费者真正在意和喜欢的体验。

爱彼迎推出了一场夜游卢浮宫（Louvre）之旅。消费
者可以在卢浮宫闭馆后慢慢地参观，与列奥纳多·达·芬奇
（Leonardo da Vinci）的《蒙娜丽莎》（*Mona Lisa*）共进晚餐[①]。
与《蒙娜丽莎》共进晚餐！这也太酷了！用过晚餐，消费者
会移步到博物馆前的玻璃金字塔，在特别准备的床上欣赏满
天繁星，或者在四下无人的环境中安然入睡。总的来说，这
是一场让人终生难忘的体验。当然，全程可以拍照留念。消
费者回家路上或回到家以后会怎么做？他们会不会情不自禁

[①]　爱彼迎新闻中心发布消息：与《蒙娜丽莎》共度一晚。获取和访问路径：
https://news.airbnb.com/louvre/。

地向全世界炫耀？ 他们会不会在网上发布自己的故事？ 如果有人问他们是怎样获得这段美妙体验的，他们会怎样回答？

这场美妙绝伦的体验，与爱彼迎的策划密切相关。爱彼迎的业务是为旅游者提供住宿，利用绝妙的体验吸引消费者的注意力，增强他们对品牌的好感，给他们留下深刻的印象，与竞争对手形成显著的差异。

另一个例子是万事达卡。我们从传统广告快速转型，打造了一个"无价"体验平台。用广告活动策划打造了金钱买不到、只有万事达卡能提供的体验，让消费者感受到何为"无价"。我们一丝不苟地执行以上所有原则。这对公司品牌和业务有帮助吗？ 当然有！ 几年前，万事达卡在全球品牌排行榜上居于第 87 位，短短几年间，它就跃升为全球十佳品牌，发展蒸蒸日上。① 万事达卡在全球各地策划了数千个体验项目，成了一个全天候运作的体验式营销引擎！

对有些品牌，比较容易从产品品类直接联想到相关体验，而对有些品牌，这个联想难度大一些。这就需要发挥创意了。如果品牌能够锐意创新，完美执行量子体验式营销，就可以挖

---

① 2020 年"品牌 Z"（BrandZ）全球最具价值的 100 强品牌之一，Brandz.

掘出一条"护城河"，建立难以复制的优势。

转到广告界的另一个重要方面：广告公司。进入第五范式，这些公司发生了结构性转变。有些公司把广告公司的所有或部分活动内包。德勤（Deloitte）和埃森哲等咨询公司进军传统广告公司的领域。他们大肆收购独立广告公司，提升服务能力，提供全方位的"咨询＋广告公司"服务，此外，还增加了订单履行服务。另一方面，广告公司或广告代理控股公司进军传统领域以外的业务。例如，麦肯收购了数据巨头安客诚（Acxiom）。展望未来，广告公司的定义及其提供的服务将会与现在大有不同。

加上不同行业之间的界限变得模糊，一些社交媒体巨头开始向营销人员提供创意服务这个增值方案。零工经济蓬勃发展，自由职业者和身兼两职者为营销人员提供了优质的创意服务。当然，我们在上一章提到，整个营销生态系统正在发生变化。随着人工智能辅助的创意和信息传递新模式（虚拟现实、全息投影、虚拟贸易展览会等）继续改变各个流程，营销生态系统还有望出现重大转变。在这样不断变化的环境下，广告公司需要重塑其模式。

在另一个层面上，区块链使得许多中间商不复存在，这将颠覆广告价值链。因此，广告投资回报率有望上升。

最后，在没有 Cookie 的世界，对消费者的追踪、定向投放广告和重定向广告策略都要彻底发生改变。随着数字 ID 兴起，消费者很可能会从广告收入中获得补偿。

在第五范式中，整个广告生态系统会有全新的面貌。甚至可以说，我们目前所知的广告就算还没有死，也处于垂死状态了。

总　结

+ 消费者的注意力是稀缺资源，而且日益稀缺。营销人员需要思考怎样通过量子体验式营销等替代途径，与消费者互动。

+ 数据、人工智能和其他技术将会改变广告界。从广告创作到传递信息的新模式，再到媒体优化，一切都会发生重大转变。

+ 营销人员既要富有创意，又要精通技术，才能取得成功。

- ✦ 广告公司需要更加大刀阔斧地重塑其模式。
- ✦ 现有的广告价值链上有层层中间商，而区块链等技术会带来颠覆性改变。
- ✦ 没有 Cookie 的世界有利于保护消费者的隐私。营销人员需要提出替代方法，有效地进行营销。

第十二章　我们是人，不是消费者

自从正式和非正式的研究开始为广告业助力之后，营销人员就非常注重了解消费者及其使用行为、态度、习惯和购买历史了。他们的主要目标向来是在传统的消费者购买漏斗之中，快速有效地引导消费者进入下一个环节。

营销人员研究消费者，是为了形成洞察，并就此采取行动。他们想要深入了解消费者的人口统计因素、心理因素和行为画像。然后，营销人员会把消费者细分，再有效地定向投放广告。营销人员会研究消费者需求，分析有哪些需求还没有满足，有哪些痛点和"燃情点"。他们会改进产品或提出解决方案，直接解决这些痛点，满足消费者未被满足的需求，其中包括消费者表达出来的明显需求，也包括没有表达出来的潜在需求。

营销人员会为购买和使用行为建模。AIDAS 模型就是一个早期的购买行为模型。所谓 AIDAS 模型，是指意识（Awareness）、兴趣（Interest）、意愿（Desire）、行动（Action）、满足（Satisfaction）五个阶段连起来的模型。根据这个理论，潜在客户会依次进入下一个阶段。首先，他们会意识到有这项产品或服务，然后产生兴趣，再然后产生购买的意愿。营销的目的就是让他们采取行动，购买或消费这件产品。他们体验了产品或服务之后，能感到满足（希望如此）。在很长一段时间里，我们就是这样研究消费者的，也是这样不厌其烦地规划其购买行为的。

当然，情况早已发生了翻天覆地的变化。产品和服务一定程度上达到同步，就能满足消费者需求或解决市场痛点。于是，营销人员努力通过产品或服务为消费者带来喜悦。但他们通常会在产品的使用场景下设计产品体验服务。如果业务如常，产品品类和消费者是静态的，这种做法并没有问题。但不同的产品品类之间有很多交叉，在这样的压力之下，这种品类隔离的方法就面临着重大考验。

苹果公司真的很懂这一点，在大型企业中，它率先打造出以人为本的体验。在千禧年之初，苹果公司推出苹果便携式多媒体播放器（iPod），让消费者把1 000首歌装进口袋里，随时随地随心听。在这里，我要为苹果公司点个赞。自此之后，他们不断创造出美妙的产品。这些产品出乎消费者意料，消费者也不知道自己是否需要它们，但最终都离不开这些设备。苹果平板电脑（iPad）就是我最喜欢的一个例子。用户界面简洁直观，就连小孩也能凭本能上手，拙于学习新技术的老年人也能毫不费力地拿起来就用。

我还记得和父亲有过这样一段交流。他当时 90 多岁了，有一天盯着 DVD 播放器的遥控器，神色迷茫。我觉得有些好笑，便问他在思考什么人生大事。他说遥控器的控制按钮太多，他分不清哪个按钮是做什么的。我看了一下，发现自己也聪明不到哪里去。我只好找出用户手册，耐心地看了，才知道怎样操作那该死的遥控器。然后，我努力地教父亲操作，结果他左耳进右耳出。几年后，我给了他一个 iPad。他不费多少时间和工夫，就轻松地上手了，玩得很开心。他惊讶地发现，可以把世上任何地方的任何一本书下载到设备上，马上就能开始阅读。这下子他可乐坏了。

我觉得，客户体验（CX）和用户体验（UX）就应该是这样的。苹果公司做得出类拔萃的一点，在于它不仅单纯满足消费者对某一个产品品类的需求，同时还去了解一个完整的人。凭借这样的了解，他们能够创造跨产品品类的产品，让人们的生活变得更轻松、更愉快。这就是量子营销的关键——你并不是去研究消费者及其行为，而是要研究和了解一个完整的人。联合利华消费者与市场洞察执行副总裁斯坦·森那南森（Stan Sthanunathan）跟我说过一段很中肯的话："产品品类是实现目的的手段，最终是要满足人的需求。为此，我们需要了解一个人的整个生活。如果你想要逐步改进产品，那么尽管去做消费者研究好了。但如果你想要实现突破，那么就别做消费者研究了，要去研究一个完整的人。这才能得出颠覆性的想法和概念！"我们在下文中会进一步讨论这个话题。

对任何一个人来说，消费都只是整个生活的一小部分。设想一下，一个人的生活是一张比萨的话，消费只是其中一小片。对消费的研究本质上是消费者研究。但事实上，这一小片之外的部分，对消费的影响要比这一小片大得多。因此，营销人员要是专注于优化消费者体验或了解消费者对品牌的偏好，就是在专注于"消费者行为"这一小部分所带来的渐进式发展机会，而不是专注于"人"的行为，从而难以实现重大突破。斯坦一语中的。我们必须认识到，在人们整个生活中发生了什么事，会对其消费行为产生哪些重大影响。人们生活的方方面面是相互依存、环环相扣、息息相关的。

以多芬香皂（Dove Soap）为例。这款产品的独特之处在于含四分之一的润肤乳成分。如果联合利华一味使用传统的消费者研究，就会没完没了地追求提升产品优越性，试图以更具说服力的方式向消费者传达产品信息。这些方面并非不重要，确实也是业务正常运作的重要组成部分。但他们并没有就此止步，而是从整体上研究人们的希望、渴望和焦虑。多芬发现，女性承受着巨大的压力，要遵从刻板印象中对美的不可企及的定义，这也影响到她们的自尊和信心。根据这一洞察，多芬为品牌界定了更高的宗旨，也就是"打破刻板印象，真美无界限"，让品牌得到升华。真美是真挚动人、独特真实的，也是最好的。这个平台起飞了。自此之后，在这个竞争极为激烈的产品品类中，多芬年复一年地实现着业务增长。

我们来看一下另一个情境。假设一家公司想推广一款旅游产品。一般来说，这家公司会研究人们的旅游行为，了解他们为什么要旅行、什么时候旅行和怎样旅行。营销人员会研究人们是怎样做旅游攻略的，包括目的地、出行选项、比价和住宿等。根据这些方面，他们会设法让消费者按照自己的旅游需要、预算、时间和地点，通过旅行社或直接从航空公司购买最适合自己的产品和服务。要了解这些方面，营销人员需要做太多的研究。这些研究相关吗？相关。充分吗？根本不充分。我接下来会解释为什么。

以前，父母要带10—12岁的孩子去度假，计划在5月份学校放假的时候，到迪士尼世界（Disney World）玩上几天。他们会做好旅游攻略，一切安排妥当，包括预订门票、酒店、租车等。等他们告诉孩子时，孩子会欣喜若狂。

如今，情况发生了变化。首先，孩子会积极参与决策。他们是在网络时代成长起来的"数字原住民"，远比父母小时候见多识广，会上网搜索、看视频。他们是家里的研发经理，会提出有哪些选择，做出比较，表达自己的偏好。因此，他们在家庭决策过程中会发挥重要的影响力。量子营销人员需要了解家庭结构，掌握家庭成员的行为动态。他们可以取得海量数据，形成宝贵的洞察，以非常规方式制定策略。他们要了解和利用新出现的购买动态，这时，真实、适当和负责任都是至关重要的。

在一个人的生活中，不同的人、地点、事件和行为都会影响到这个人的消费行为。一个人的身边有影响者、把关人、资助者和决策者，包括家人和社交圈子。量子营销人员需要了解所有这些参与者，努力适当地影响他们的偏好。这在以前是做不到的，现在也很难做到。但在即将到来的第五范式中，这是切实可行的，也是有必要的，因为，允许我们使用的数据有太多太多，在整个营销生命周期中，由人工智能支持的分析会为营销人员提供洞察。

回到旅游的例子。营销人员了解到一个人整个生活之后，广告活动和传播方式就不必那么依赖旅游目的地和出行方式了。重点从产品或服务本身，转移到让这个人或这家人的体验变得更美好。这还不仅限于这一次旅游，而是要让这个人或这家人过上更好的生活。

量子营销人员会观察消费者的整个生活，思考怎样为他们创造价值。他们采取这个方法并获得洞察之后，会看一下自家的产品或服务，评估其是否适当，是否需要打造出新的产品或服务，或者对现有产品或服务做一些调整。他们需要扪心自问："针对这个人的情况，我的这款产品是否可靠地满足他的需要，为其带来看得见、摸得着的好处，同时也给我们创造商机？"回答这个问题后，他们就可以在这个生活场景中有效地推介这款产品或服务。

现在的消费者会频繁地转换品牌，在同一个产品品类中如此，在不同的产品品类之间也是如此。传统的研究很难再提供多少有用的洞察。营销人员想要找到答案，可是找错了地方。如今，产品不能仅限于满足一个人在某方面的需求，而要在这个人的生活中扮演重要得多的角色，这一点是极为重要的。事实上，产品需要融入一个人的整个生活。我甚至敢说，在下一个范式中，产品营销必须实现完全融入生活的营销，否则将不复存在！

第五范式的另一重大转变

以前，营销人员会努力了解消费者购买漏斗，以及消费者在购买之前、期间和之后的心态。在第五范式中，情况会发生巨大转变。营销人员会千方百计地让购买过程完全消失。这是什么意思？我接下来会解释。

企业已经在努力让顾客不需要在收银台排队，亚马逊在"亚马逊 Go"（Amazon Go）无人零售商店做到了这一点。顾客只要在货架上选取商品，放进自己的购物车里，然后走出店门即可，不需要在收银台排队结账。购买过程的一大环节消失了。给他们点个赞！

在网购平台上，绑定银行卡的做法已经持续了一段时间。银行卡信息和收货地址只需要输入一次，之后再买东西，就可以单击结账了。结账过程大大缩短。

购买过程的另一部分也发生了翻天覆地的变化。在语音电子商务中，你叫 Alexa 或 Google Home 提供产品信息，就会得到直接或间接的产品或品牌推荐。至此，70% 以上的人不会

进一步搜索 ①，只会说："买了。"购买过程就此结束！有了智能音箱，就免除了用户搜索、比较和下定决心这个烦琐的过程。智能音箱眨眼间就搞定了。每次交互，这台设备还会更了解用户的偏好，下一次提出更令人心动的推荐。

再举一个颠覆购买过程的例子：订阅式购物服务。只要选择不变，用户就不必记住去补货，也不用把订购的整个过程重来一遍。订阅式购物服务利用人的惰性，把选择过程自动化，让人不知不觉中去消费。宝洁最近推出联网牙刷，让我觉得很有意思，也很了不起。这些牙刷与智能手机联网，会告诉用户牙刷得怎么样，哪里还没刷到，等等。根据用户的刷牙习惯，宝洁是否有可能给联网牙刷编程，有需要时，通过它给牙膏、牙线或漱口水补货呢？这不是科幻小说，而是很可能发生的事情。

通过联网电器自动订购，是消费者购买漏斗出现的另一重大颠覆。例如，三星推出了智能冰箱。这台冰箱会查看食材种类和消耗情况，自动从商店补货，让主人不必为这种琐事费心。

---

① 珍妮弗·福尔（Jennifer Faull）：《品牌组成"语音联盟"，为 Alexa 和 Siri 做好准备，改变我们购物的方式》，"鼓"网站（The Drum），2019 年 6 月 19 日。

总之，购买过程和消费者购买漏斗已经受到重大冲击。量子营销人员必须研究人们的整个生活，在生活场景下应对消费情境。以下是相关策略的重要组成部分：

- **品牌要立即让人感到安心，形成品牌动机**。在自动化购买流程中，这一点越发重要。品牌建设、品牌声誉、品牌相关性、品牌形象和资产以及品牌差异化都是至关重要的。这算是返璞归真了。

- **了解购买渠道的动态**。要明智地对此加以利用，不要让购买渠道把品牌边缘化。为此，量子营销人员需要深入了解新兴数字技术（如物联网和智能音箱）、不同设备或平台的推荐引擎背后的算法、偏好驱动因素、人工智能支持的实时优惠优化方法，等等。这些方面会成为绩效营销的新动力。

- **了解品牌的潜在"护城河"**。我们需要为品牌挖掘出"护城河"，才能保持品牌相关性和竞争优势。"护城河"靠的主要并不是产品本身，而更多是围绕产品的系统、包装、知识产权，以及怎样去拴住消费者的心。

多家创新公司都想要实现这样一大目标：让整个购买过程自动化，消费者需要某件产品时，不必再去了解、选择和购买。在某种意义上，人不用再参与购买过程！算法或机器承担了这个任务，完成购买。这是多么激动人心的事情啊！

营销人员绝对需要研究和了解人是怎样购买和消费产品或服务的。但日后，光是这样已经不够了。人及周围的一切都在发生变化，这些改变会驱动其消费行为、过程和模式的变化。根据全方位的结构性转变，许多产品品类会消失或改变。因此，营销人员从整个消费生命周期得出洞察之后，绝不能纯粹根据消费者研究来制定营销战略。研究一个完整的人，从对"消费者"做营销转变为对"人"做营销，方为量子营销之道。

总　结

+ 对任何一个人来说，消费只是整个生活的一小部分。营销人员要是专注于优化消费者体验或了解消费者偏好，就是在专注于"消费者行为"这一小部分所带来的渐进式发展机会，而不是专注于"人"的行为，也就难以实现重大突破。

+ 量子营销人员不会受限于现有的产品品类，而会研究消费者的整个生活，了解要怎样为他们创造价值。然后，他们会在消费者适当的生活场景下，有效地打造和推介产品、服务或捆绑方案。

+ 在第五范式中，购买过程、消费者购买漏斗等许多方面都会发生彻底的颠覆性变化。

+ 许多单调乏味的活动（包括日常购物）将会自动化，人会减少参与购买决策。营销人员需要明白相关影响，思考在这样的环境下要采用怎样的模式。

第十三章

对企业和机器做营销

B2B 营销是指企业对企业的营销。这个领域在利用营销的情感、激励、美学和软性方面落后了好几代，但在某些流程和投资回报率指标上，又远远超越 B2C 营销。B2B 营销通常专注于技术传播，在传播元素中，没有那么依赖（乃至全然不顾）人的感性，而是依赖数据和性能进行宣传。而后者在本质上往往没有那么有趣，也不能给人带来启发。

B2B 营销的基本前提是，商业决策的依据是技术规范、逻辑过程、经济效益和性能保证。不知何故，人们普遍误以为情感在这个领域扮演的角色微乎其微，经常对此不屑一顾。

除了经济效益之外，行为经济学也扮演着很重要的角色。系统 1 思维（见第 9 章"全感官营销"）并不会因为一个人在工作就不发挥作用。不管这人在哪里、在做些什么，系统 1 思维就是系统 1 思维。B2B 营销人员必须打动人的系统 1 思维，才能取得成功。

大多数营销人员没有注意到这样一个明确的事实：企业不会自动自发地经营自己，而是由有血有肉的人经营的。即使在商业场景中，人也会做出人的行为，这与商业场景之外无异。营销人员对人做营销，会研究这个人的心理，包括其渴望、恐惧、缺乏安全感的地方、痛点等。为什么一说到商业产品，他们就突然改用"商业"口吻跟人沟通呢？我把这种现象称为"市场营销的双重人格综合征"。营销人员向消费者推介一款香皂或度假产品时，会用特定的口吻与之沟通，极力打动消费者的所有官能。但一到推介商业产品，他们就变得冷冰冰的，一味地想要说服对方的"理性脑"。营销人员变得一本正经，只顾强调一些无聊且乏善可陈的方面。这种方法大错特错，但偏偏许多 B2B 营销人员都是这样做的。

我们需要认识到，企业是人经营的，至少现在是这样。这些人做出购买决策，我们或许会以为纯粹是出于理据或逻辑，然而实际上，他们做出商业决定的方式与做出私人决定的方式别无二致。

当然，这两种场景下的决策过程涉及不同程度的分析。在 B2B 场景中，决策者不会直接承担决策的经济负担，有团队帮助他们更详尽地评估事实，相关企业会设定评估产品或服务的规范（例如要取得三方报价）。这些都关系到输入因素和场景。最终的决策方式跟私人生活中的决策方式是一样的，会受到情感、感觉和直觉的影响。营销人员以为不是这样，其实就是这样。B2B 营销人员必须认识到，情感在决策过程中扮演着清晰而又重要的角色。

B2B 营销对象可以分为 5 大类：大企业、政府、非营利机构、中小企业和初创企业。每一类都有不同的行为特征，在基于规则的决策和所涉及情感之间也有不同层次的相互作用（见图 9）。

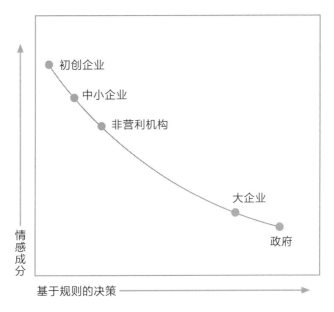

图 9　不同行为特征在不同层次的相互作用

在每个类别中，规则和情感对决策的影响不一。因此，向不同类别的对象做营销，需要采取不同的方式。

无论是 B2B 营销还是 B2C 营销，归根到底，都应该是 P2P 营销，也就是人对人的营销。在量子营销中，营销人员就是这么做的。企业是人经营的，因此，营销人员要把企业人性化。人会为企业做决策，营销人员也要以人性化的方式对这些人做营销。

以前，营销人员想要向其他公司推介产品或服务，必须拿出一家公司向另一家公司推介的专业态度。

B2B 营销需要多一点真诚，少一点正式。B2B 营销人员需要千方百计地让整个展示方式变得更加人性化。B2B 营销的方法、风格和感性将会与 B2C 营销会合，统统成为 P2P 营销。德勤全球首席营销官戴安娜·奥布莱恩（Diana O'Brien）表示："B2B 营销人员现在有一个前所未有的机会，可以利用客户内在的热情和全新的商业模式，为加强客户的参与度、合作和共同创作提供支持，把相互之间的关系变得更加人性化。"

目前，企业要推出广告活动以提升品牌知名度，获得销售线索，通常是走贸易渠道，包括贸易网站或刊物、大会、贸易展览会、场馆广告牌（例如，德勤和埃森哲在机场的广告牌卓有成效）、白皮书和其他内容发布、商业渠道的广告等。

在量子营销中，营销人员不仅会提供潜在客户想要知道的资料，把这些内容统统人性化，还会在心理学、神经学、行为经济学和感官科学等领域叠加丰富的洞察。例如，他们对待商业产品会像对待消费品一样，做严谨的用户体验设计。他们会尽量创作出有趣动人的广告，不仅突出产品的好处，还要打动决策者的心。他们会像对待消费品一样，部署影响者营销、多感官营销……

顾客关系营销在第四范式中已经发展成熟。到了第五范式，顾客关系营销更是提升到新的高度，与企业和消费者领域的实时数据相融合，进行基于位置的定向投放和个性化传播。顾客关系营销将以非常自然而又动人的方式，融合场景化偏好管理平台。

技术也会给营销带来重大变化。例如，新型冠状病毒肺炎疫情暴发后，我们发现自己需要远程工作，也可以远程工作，效果还不差。虚拟会议无论是一对一、一对多还是多对多，都经过了测试，运作良好。远程视频会议可以大大提升生产力和成本效益，因此，这项技术会不断进步。尝到了这个甜头，我们需要问一下自己，怎样才能把这些能力转移到B2B营销中。例如，我们是否可以不满足于召开虚拟研讨会和大会，而是更进一步，召开沉浸式的虚拟现实（VR）会议呢？是否可以举办 VR 贸易展览会呢？是否可以做基于 VR 的交互式虚拟产品演示，并叠加增强现实技术呢？随着 5G 时代的到来，各个相关领域不断进步，这不仅会成为现实，很快还会变成常态。

人工智能已经对 B2B 营销产生了重大影响。例如，很多公司已经在使用人工智能回复需求建议书（RFP）。人工智能引擎会查看需求建议书，理解里面的问题，然后搜索内部数据库，参考公司以前是怎样回复其他需求建议书的，并据此给出令人信服的回答。相比一大群员工做出的回复，人工智能回复丝毫不逊色，甚至更好，而且大大节省了时间，回答更准确，也能提供最新信息。

无人机配送、3D 打印等技术会给营销带来颠覆性的冲击。这些技术可以加快交付速度，减少库存，对顾客业务产生重大影响。

大多数人以为，只有小孩和宅男才会玩游戏。其实，玩游戏并不是这两种人的专利。无论一个人自认有多么成熟文雅，都会接触到游戏化的应用，也就是把游戏的元素应用到其他领域。游戏化也适用于 B2B 领域。我见过一些横跨多个 B2B 情境的优秀原型设计。例如有一次，营销人员用游戏应用程序做了趣味横生的演示，向医院首席执行官展示怎样分配资源。由于营销人员想要推销一些鲜为人知领域的产品，为了吸引首席执行官的注意力，于是用这款游戏巧妙而又明白地展示产品的价值。这个领域刚发展不久，但距离部署也不太远了。它究竟会不会成为与顾客互动的主导方式，仍是未知数。但不容忽视的是，每个人心中都有一个小孩，都有玩耍的本能和享受乐趣的倾向。游戏化正是利用了这样的心态，以非常规的方式去沟通、互动，从而实现营销目标。

对机器做营销

在第四范式中，我们学会了怎样对机器做营销。在网络搜索中，哪个品牌会在搜索结果中出现、排在哪个位置，是由机器（其实是机器背后的算法）决定的。因此，企业必须先对机器做营销，然后机器才会向消费者展示品牌。营销人员必须学会怎样去影响机器，也就是怎样让品牌在算法（逻辑）中处于最佳位置。我这里说的是搜索引擎优化（SEO）和搜索引擎营销（SEM）。

现在有了人工智能，机器日益成熟，营销人员需要想清楚怎样对机器做营销。严格来说，是你这边的一组机器对另一边的一组机器做营销。这是营销过程的重要部分，做不好的话，其他工作都是白搭。

换言之，营销人员需要为新情况做好准备，反思机器营销的策略、算法和内容。例如，消费者叫 Alexa 搜索一件产品，Alexa 会根据程序员编程的逻辑选择推荐哪个品牌。如果营销人员不懂得适当地展示自家品牌，Alexa 可能根本不会提到这个品牌，消费者也就无从考虑购买这个品牌的产品。这等于为品牌敲响了丧钟。我们在上一章提过，智能音箱日益普及，许多人在用智能音箱购物，其中 70% 的人会依赖 Alexa 的推荐。因此，这个营销新媒体非常重要，不容忽视。而这些智能音箱和助手在 B2B 场景中要如何应用，又是另一个有趣的话题了。

物联网（如智能冰箱）面世后，这一切都被放大了。物联网可能会影响到消费者购物时的品牌选择。要有效开展工作，营销人员就要想办法对这些机器做营销。

总　结

✦ B2B 营销要比 B2C 营销落后一些。营销人员需要认识到，企业是人经营的。人是情感的动物，在为自己或企业做决策时，总会有一些情感的成分。

✦ 利用 B2C 营销领域的洞察和技术，消费者关系营销会更上一层楼。

✦ 新技术会促使 B2B 营销取得很大进步。虚拟大会、虚拟贸易展览会、沉浸式 VR-AR 产品演示、游戏化……所有这些方面都会开启新的维度和可能性，提升成本效益和效果。

✦ 营销人员需要确定怎样对购买过程的新中间商（机器和算法）做营销。有了智能音箱和物联网，这个需求会更加迫切。

✦ 营销人员需要掌握知识和能力，建立流程，适应第五范式的新环境，制定自己的量子营销制胜攻略。

第十四章 | 合作的力量

第五范式中充满了各种复杂的动态。大多数营销方案都需要从多个来源获取资料，利用多方资产，通过多个渠道予以执行。其间事务繁多，营销人员无法独自完成。在营销的每个方面、每个阶段，他们都需要与各方通力合作。

内部合作

显然，在组织内部，营销部门不能孤军奋战。首席营销官要让营销部门成为公司的中流砥柱，专注于推动品牌和业务发展，增强竞争优势。为此，他们需要与公司的每个职能部门和业务部门之间建立起牢固的沟通合作桥梁。或许这句话看起来再明显不过，同样适用于每个职能部门，可是，营销部门的情况其实大有不同。首席执行官和其他C级高管通常比较了解财务、法务、信息技术这样的职能部门，但不太了解营销部门。我们在上文中说过，或许快速消费品公司的情况并非如此，但其他大多数行业都是这样。因此，营销部门的主管需要付出更多努力，才能让部门受到重视，与公司内部其他部门（如财务、法务、信息技术、人力资源）紧密合作。小公司人少，每个人都身兼多职，这可能更容易实现。无论如何，要取得成功，内部合作是至关重要的，可能会决定营销部门的成败。接下来，我们来看一下各个合作领域。

信息技术

要做好营销，技术是重要的使能工具和驱动力。除此之外，营销能力和技术实力之间也有了越来越多的交会。因此，营销部门必须与首席信息官建立稳固的关系，合作无间。这是非常重要的，不然，营销部门会错失良机。我敢说，在公司内部，营销部门与首席信息官之间合作的重要性仅次于它与首席执行官的合作，他们的合作决定了部门运作的成败。

首席财务官

如果到现在，营销部门还说不出更可靠的投资回报率指标，那就说不过去了。营销部门应该准备好可靠的指标和度量值，满足首席财务官的要求。如果有条件，营销部门应该有自己的财务官，由部门财务官向公司首席财务官汇报。首席财务官代表公司的利益，理所当然会对每一笔较大的投资提出尖锐的问题，而营销费用通常金额较大。因此，首席营销官必须与首席财务官紧密合作，达成共识，共同驾驭业务周期的起起伏伏。

人力资源

营销领域正在发生转变，营销部门内部的人才管理是极其重要的。营销部门必须与首席人力资源官或首席人才官建立良好的关系。鉴于量子营销需要的技术和能力与营销部门过往需要的技术和能力截然不同，人才招募和发展是至关重要的。首席营销官要确保团队做好准备，接受充足的培训，获得良好的评分、薪酬和奖励。例如，营销部门要让团队成员轮岗，尤其是跨部门轮岗，就必须与人力资源部门合作。人力资源部门要与营销部门的愿景、战略和议程保持同步。

法务

营销部门也要与总法律顾问或首席法务官合作，这是非常重要的内部合作关系。如今，各种有关消费者权益保护的法律法规如雨后春笋般涌现，这是前所未见的。营销人员不仅要了解监管环境，还要了解当下有哪些界限和机会。他们还需要与负责政策和监管工作的同事密切合作，确保能够指导和影响即将制定的营销法规，无论是在精神层面上还是在字面意义上，都要公平对待消费者，同时还要保证这些法规务实可行，方便营销人员操作。

首席执行官

营销人员还需要与首席执行官保持良好的合作关系，确保营销部门的愿景与首席执行官对全公司的愿景完全一致，并为之提供支持。这一点是很重要的。营销部门必须争取到公司最高层的支持，否则其计划也难以实现。由于许多 C 级高管并不了解营销是做什么、可以做些什么、创造了什么价值以及可以创造什么价值，因此，首席执行官对营销部门的大力支持就尤为关键了。如果首席执行官不认可营销部门的作用，营销人员就会举步维艰。营销人员需要投入时间和精力，让首席执行了解营销部门的工作，展示部门许下的承诺，证明部门产生的影响力。营销人员要积极展示部门的价值，以免部门在公司内部边缘化。如果做了这么多工作，情况还没有改观，那么营销人员最好就要评估一下，他们是想一辈子拼死拼活、里里外外地为公司做事，还是另谋他就。

利益相关者

视企业的整体组织结构而定，营销部门也需要与产品管理（如果产品管理不隶属于营销部门）、公关（如果还有独立的公关部门）、销售和客户服务部门合作。

公司和品牌与消费者之间的互动，并不只是营销部门的工作。要打造良好的消费者体验和品牌感知，还需要其他利益相关者的支持和推动。营销部门需要与各个部门密切合作，确保全公司都了解到营销部门产生的洞察。在全公司每一个消费者接触点上，都有机会提升和加强品牌承诺和体验。凡是接触到消费者、顾客或潜在顾客的员工，就是品牌大使。营销人员是品牌的守护者，而不是品牌的负责人。怀着这种心态，营销人员就可以让全公司团结起来，齐心协力地为打造品牌提供支持，这也是每个人应有的工作。毕竟，品牌属于公司里的每一个人。

与广告公司合作

不管周围的一切发生了什么变化，广告公司还是会继续扮演重要的角色。要实现有效而又具有影响力的信息传播，数据和技术都是至关重要的。然而，创意仍然是重要的分水岭。有了创意，广告才能打动人心，打动顾客、消费者和潜在的消费者。只有极少数财大气粗的公司能够在内部建立起庞大的广告团队，招募一流的广告人才，而其他公司则需要与代理商合作。这包括研究机构、媒体代理商和公关公司，但我在这里要强调的是创意代理商。合作广告公司是营销人员最重要的资产。他们需要完全了解品牌的愿景、战略、优先事项和限制。了解这些方面之后，他们就能够为营销人员提供最适当的支持。营销人员需要与合适的广告公司合作。这些公司要有正确的态度、富有创意的团队，与营销人员完全同步，全程助力品牌取得成功。

这种合作关系应该是这样的：营销人员尊重和平等地对待广告公司，也要求对方承担起应有的责任。广告公司应该公开透明地运作。不幸的是，许多营销人员把合作广告公司视为供应商，认为他们只是按项目提交作品。广告公司不了解企业的整体愿景和战略，也就无法做到最好。在企业不断削减成本的环境下，这种说法可能不受欢迎，可是，企业需要与合作广告公司长期合作。我们必须投资建设营销人员想要长期发展的合作伙伴关系。合作广告公司不仅需要了解业务，更需要了解品牌的灵魂。单凭看一下品牌定位声明，是做不到这一点的。要了解品牌的灵魂，需要很深层次的体验，而且这一体验也是在不断演变的。我还想提醒营销人员，不要把选择广告公司、维护与广告公司之间的关系完全当作采购活动。要取得最佳的合同条款，采购和供应商开发团队会扮演很重要的辅助角色。而要获得卓越的创意，选择广告公司是至关重要的。如果负责选择广告公司的不是营销团队，而是采购团队，我会为此感到担忧。

创新领域的合作

创新和创意一样，总能带来较大的竞争优势。虽然我不反对与大公司进行合作，但我认为与初创企业或正在规模化的公司展开的创新合作才是最高效的。这些公司勇于创新，力求增长，十分灵活敏捷，给我留下了深刻的印象。营销人员需要与这样的公司紧密合作，让品牌承诺及其实现更上一层楼。我在职业生涯中发现，最好的创意大多是这种创始人才华横溢的小公司提出的。这样的合作往往会形成一种共生关系。其中，营销人员可以获取合适的创意和知识产权，又能为这些初创企业提供绝佳的平台，彼此共同成长。

营销人员需要开展管理创新领域的合作，确保公司能够保留智力资本和最佳实践。即使专属期届满，这种合作带来的竞争优势也能够继续维持。

技术领域的合作

要有效利用技术的力量，营销人员要么有自己强大的手段和资源，要么与技术供应商有效合作。考虑到变化速度之快，企业不能一直使用老旧的系统，而需要通过与研发、维护和更新平台的技术公司合作，快速有效地打造出模块化的通用解决方案。大多数营销人员都不是很懂技术，所以需要让首席信息官或外部合作伙伴帮忙制订合适的解决方案。要测量和评估各项技术解决方案，模块性、通用性、互操作性、扩展性和安全性只是其中的一些关键参数。要保持灵活，技术界面应该简洁明了，让营销人员无须频繁向信息技术部门的同事或供应商求助，也能够自行使用。

媒体和"燃情点"相关的合作

传统上，媒体是市场营销的核心领域。如今，传媒业会受到进一步的颠覆，因此会寻求中长期合作、新的商业模式和新的定价结构。对于媒体投入较大的公司来说，营销人员必须时刻掌握最新动态，在花钱买广告位的传统模式之外寻求新的合作机会，了解即将迎来的新动态会对自己的营销和媒体战略产生什么影响。

我把体育运动、音乐、餐饮等方面的合作，称为"燃情点"合作。这些与主要"燃情点"相关的优质资产供应十分短缺，因此价格自然上涨。另一方面，电子竞技和全息投影巡回演唱会等新品类会转移消费者的注意力，也会吸引营销资金流入。如今，品牌想要从纷繁庞杂的海量信息之中脱颖而出，难度已经很大。在此环境下，赞助活动有望成为吸引消费者注意力、支持体验式营销的重要方法。

政府与社会资本合作（PPP）

过去，有许多领域是政府垄断的。而论及智慧城市、医疗保健和社区教育，政府不可能包揽一切。因此，政府与社会资本合作（PPP）在推动社区转型方面扮演着重要角色。这些未必是慈善或非营利项目，也可以是营利项目。其运作模式可以规定，项目在改进社区的同时，企业也能获得适当的投资回报率。通常情况下，PPP 项目会联合政府实体、非政府组织和私营或上市公司。

远的不说，单看万事达卡，就有一些很好的例子。"城市焕能"项目（City Possible）就是一个 PPP 项目，它致力于帮助全球各大城市应对人口增长带来的挑战。例如，我们与立方公司（Cubic）合作研究，为伦敦地铁安装全新的移动支付系统。自此，伦敦人进地铁站要排长队的情况有所缓解。这项合作也有利于万事达卡，总之是皆大欢喜。

与行业组织和商会合作

顾名思义，与行业组织和商会合作不仅对公司十分有益，对整个行业也是十分有利的。行业组织经常处理会员或合作伙伴重视的议程、制定政策、设定标准、教育利益相关者……这是单凭任何一家公司的力量都做不到的。机会不言而喻。但奇怪的是，目前营销人员很少参与行业事务。

我们周围发生了这么大的变化，为了所有人着想，应该制定互操作性标准。如果业内每次出现新的创新或发展都提出自己的标准，与生态系统其他部分不一致、不兼容，就会造成混乱。

每个社交媒体平台都有自己的标准，不同社交媒体平台之间缺乏互操作性。因此，营销人员无法以统一的标准测量这些平台的投资回报率，进而优化未来广告活动的投资。因此，在世界品牌方联合会的主持下，多家媒体代理控股公司、主要社交媒体平台、多个品牌与美国全国品牌方协会合作，成立了"全球负责任媒体联盟"（GARM），以应对这些不规范的现象。营销人员应该集中抽出一点时间，积极投身于这种行业事务和合作关系。

与当地社区合作

我们的世界日益全球化。进入下一个范式，这个趋势仍将持续。然而，消费者越来越重视当地社区：选择当地食材，购买当地产品，营造充满活力的社区，加入当地支持团体。营销人员与当地社区合作，真正有所作为，清晰地展示与品牌和产品的联系，这会成为一个重要趋势，是人与世界的和谐共舞。品牌若能率先进入一个社区，总会成为社区居民的"初恋"，赢得居民更多的喜爱。新型冠状病毒肺炎疫情暴发后，我们看到这种工作的力量。例如，疫情期间，Ins. 用户流量上涨70%，该平台借此机会，通过直播捐款功能，帮助受疫情影响的社区。[①] 对这个话题的许多调查研究都值得一读，更重要的是，这些研究有助于未来营销战略的制订。

兼职、合同工和自由职业者

合同工或自由职业者经济也是一个快速演变的重要领域。通常情况下，企业雇用员工时，会假设其中一大部分人会在公司工作很多年。公司为员工提供培训和长期激励计划，希望留住最优秀的人才。但当今世界瞬息万变，新一代人对自由职业有强烈的偏好。因此，营销人员必须留意到这一点，并关注未来会有怎样不同的新工作方式。营销部门的结构怎样才能顾及自由职业者？要采取怎样的流程，才能与自由职业者顺畅合作？多名兼职员工要怎样分工？怎样才能做好保密工作？在酒店里，前台工作人员会轮班，做某个项目的营销人员是否可以轮班呢？这样做有没有好处呢？怎样才能确保提出卓越的

① 卡罗琳·哈丁（Carolyn Harding），Ins. 的直播捐款功能：资料一览。数字媒体解决方案公司（Digital Media Solutions），2020 年 5 月 4 日。

创意并很好地执行？兼职或自由职业者都会长期存在。在此环境下，营销人员需要反思人事和组织模型，尽可能善用相关机会。

总　结

在第五范式中，市场营销会有所不同。它会拥有新的能力、新的基础设施、新的机会和强大的技术。丰富的可用数据会席卷而来。营销人员有能力、也有机会做真正意义上的实时营销，准确测量投资回报率。同时，工作文化会发生变化，要取得进步和成功，合作是关键元素。当然，也会出现新的重大风险，需要注意防范。这一切都意味着营销部门必须反思日后要怎样开展工作。营销人员需要制定妥善协调的机制，确保运作顺畅、衔接良好，让量子营销工作焕发光彩。为此，营销人员必须建立良好的合作伙伴关系。

第十五章　坚持宗旨导向

宗旨导向，这是人生导师、电视牧师和企业顾问的口头禅，是企业界和媒体的热门话题。其基本理念是：企业不仅要为股东创造利润，善待员工，还要造福全社会。不幸的是，许多企业并没有认真探讨宗旨，也没有去思考"宗旨导向"能否真正提升企业绩效。

多项研究想要证明，有明确宗旨、宗旨导向型的公司表现优于缺乏宗旨的公司。一项研究表示，宗旨导向型公司跑赢大市的幅度高达 42%。这些研究的方向似乎是正确的，但没有多少决定性证据能够证明两者之间存在因果关系（一件事引起了另一件事），而不是相关性（两件事同时发生，但并非一件事引起另一件事）。因此，我们不能得出最终结论，认定缺乏明确宗旨的公司一定会表现欠佳。

宗旨被视为每家公司都应该拥有且应该写进年报里的文字。2018 年，凯洛格商学院（Kellogg School）教授罗伯特·奎恩（Robert Quinn）在《哈佛商业评论》（*Harvard Business Review*）撰文表示："如果一家公司公布了宗旨和价值观，但高级管理层的行为与之并不相符，那么这样的宗旨和价值观就是空谈。每个人都会认识到管理层的虚伪，员工会变得更加愤世嫉俗。这个过程会给公司造成伤害。"[1] 如果记者发现公司管理层并非真心诚意贯彻宗旨，而是用宗旨做掩饰，自然会提出尖锐的问题，也会对此提出质疑。我们都有责任找出真相。

不同的公司专注于不同的领域，例如环保、可持续发展、动物福利、多元化和包容性、消除饥饿和贫困、性别平衡等。但许多公司并没有分清楚什么是宗旨，什么是善因营销。它们往往把两者混为一谈，其实这两个概念是不一样的。我们先来看一下宗旨的定义、宗旨与善因有何不同、大多数营销人员应专注于哪个方面。

宗旨是企业存在的根本原则，是企业的"北极星"、指导原则和核心价值观。这里说的并不是要企业恪守道德规范，那是另一回事。一家企业的存在，不光是为了尽可能提升股东回报、员工满意度以及顾客满意度这些日常目标。

另一方面，"善因"营销更专注于为社会造福的特定举措、广告活动或其他活动。一家公司开展一系列慈善和公益活动，可能并不是出于一个专一的宗旨，而是只有一个宽泛的理念，

---

[1] 罗伯特·E. 奎恩，安贾内·V. 撒克（Anjan V. Thakor）：《打造宗旨驱动型组织》，哈佛商业评论，2018 年 7 月至 8 月。

想要做点好事。

宗旨是"北极星",而善因营销是路线图。两者应该是有联系的。宗旨是一家公司存在的理由,是指导原则;而善因营销关系到为社会造福的具体举措。

如果企业做善因营销时,只是找一些造福社会的慈善和公益事业,而没有联系企业的品牌故事或企业使命,这不过是企业做了些好事而已。这些事情孤立存在,并无宗旨贯穿。因此,营销人员需要找到源自或能宣传企业宗旨的慈善和公益事业。

那么,宗旨真的有必要吗?品牌追求宗旨,并不只是为了让这家公司做得更好,尽可能提升股东价值。企业追求宗旨,总体上应该是出于两个理由。

1. 这是一个理念。如果营销人员可以造福社会,又何乐而不为呢?这是基本价值观。一个人是一味地想要自私自利呢,还是造福社会呢?后者是很重要的,也是能做到的。

2. 这可以建立信任。我们在探讨伦理的章节中会谈到,当今年代,社会严重缺乏信任,情况每况愈下。顾客觉得社会上充满了剥削和欺骗现象。如果企业能够清楚地表达出自己的宗旨，采取适当的善因营销举措，真心实意地为这个宗旨提供支持；能够诚实地讲述自己的故事，传达出真诚、连贯、强而有力、娓娓动人、令人信服的信息，那么，这样的公司就能够在消费者眼中脱颖而出。

展望未来，"宗旨导向"显然是企业形成差异化的重要因素。这个世界充斥着剥削和欺骗，有的是真实存在的，有的是消费者的主观感受。在此环境下，消费者对以真正做好事为宗旨的企业会有很大的好感。

要追求宗旨，企业有不同的模式。许多公司会设立基金会，把钱投入基金会，由基金会做善事。这是一个好的开始，企业也可以获得税务优惠。这笔钱本来也是要用来纳税的，倒不如投入基金会，为社区做点好事，赢得社会人士的称赞。这是一个方法。

还有一个模式是履行企业的社会责任。企业社会责任举措可以由基金会运作，也可以是对基金会的补充。这个方法是这样的：每家企业都有社会责任需要履行、衡量并写入年报。

通常情况下，以上两项所需的资金是企业酌情决定、临时安排的。经营状况好，投入基金会或企业社会责任举措的钱就多；经营状况不好，投入的钱就少。这样一来，企业就不能始终如一地履行承诺。

对宗旨导向型的企业来说，关键是要贯彻履行承诺，维持良好的势头。从品牌的角度来说，如果一家公司不能始终如一地追求一个宗旨，一以贯之地为一项慈善和公益事业而奋斗，消费者是不会把这家公司与这项慈善和公益事业联系在一起的，也不会视之为宗旨导向型企业。这是非常重要的一点。

此外，如果企业基金会和社会责任活动只是附带的，就只能引起少数人的关注，公司其他员工都专注于业务日常运作。如果公司只有少数人而不是所有人去关注宗旨与慈善和公益事业，那么企业就错失了大好机会。

宗旨只有完全融入企业商业模式的核心，才会真正焕发生机。万事达卡的宗旨声明是这样的："帮助所有人解锁属于自己的'无价'可能。"这个理念融入了全公司，公司支持的慈善和公益事业与营销促销和广告活动交织在一起，融入业务核心。这时所产生的影响力就上升到了不一样的层次。接下来，例如，万事达卡想要增强民众对癌症的认识，帮助找到治疗癌症的疗法，于是，我们与"对抗癌症"公益组织（Stand Up to Cancer，后简称SU2C）合作，制订了一项计划。在活动推广期间，万事达卡持卡人每次在任意餐厅划卡消费，公司就会把所得款项的一小部分捐给SU2C。然后，该组织会用这笔钱从全球各地招募优秀医疗研究人员，组成"梦之队"，齐心协力研究癌症疗法。这个模式的妙处就在于，这样的活动可持续性很强。万事达卡每次做这个推广活动，餐厅品类的销售份额都会上升，随之增加的营业额又会为药物研发提供资金。这样一来，在整体宗旨的驱动下，善因营销融入了核心业务活动中，形成了可持续的模式。

再举几个例子：

- 微软巧妙地为有特殊需求的人设计了无障碍工具。这不仅是一项慈善活动，还是其业务的核心组成部分，是微软打造产品的方式。微软为英国有特殊需求的孩子设计了游戏控制器；为残疾工人设计了游戏配件包装；微软技术还帮助肌萎缩侧索硬化（ALS）患者用眼睛说话。

- 思爱普（SAP）聘用患有自闭症的青年担任编码员。这家公司意识到，自闭症患者可以成为优秀的编码员。为了帮助这些人融入工作环境，他们改变了招聘流程，也取得了很好的效果。他们与"融入雇佣顾问组织"（Integrate Employment Advisors）合作，有计划地增聘患有自闭症的员工。

- 巴塔哥尼亚（Patagonia）也把企业宗旨与业务实践完全融为一体，在这方面做得非常好。其使命是"用商业拯救我们的地球家园"。公司会把销售额的 1% 捐给基层环保组织。他们花费大量时间和精力，为环保事业倡议，甚至让员工装扮起来参加环保活动。

企业要追求宗旨，还有一个有趣的角度，那就是数据慈善。这是指私营公司把专有数据捐献出来，用作公益用途。这些数据可供非政府组织、学术界或政府使用，用于洞悉、分析或解决影响社区的问题。例如，领英的开源数据项目称为"经济图谱"（Economic Graph），通过数字化形式展现全球经济，其所需数据均来源于领英全球超过 6 亿成员、5 万项职业技能、2000 万雇主公司、1500 万个职业岗位以及 6 万家教育机构。通过给每位会员、每家公司、每份职业、每所学校画像，领英能够预测不同地区的人才流向、雇用率、受雇主欢迎的技能等。这些洞察可以联结人才与经济机会，也可以帮助政府和非政府组织更好地实现人才和机遇的对接。[①]虽然这项举措已经告一段落，但在这里举出这个例子，是为了说明数据慈善的概念和应用。

全球 83% 的人相信，各大品牌有能力让世界变得更美好；87% 的人表示，品牌必须捍卫自己的宗旨；84% 的人相信，企业有责任促进社会变革；64% 的人表示，会根据某个品牌对社会或政治议题的立场，而购买或抵制这个品牌。[②]

"宗旨导向"把善因营销与业务成果联系到一起。宗旨并非华而不实的，也不是为了宣传或者年报好看。企业需要追求宗旨——是因为这是应该做的；是因为消费者愿意用钱包投票，支持宗旨导向型品牌；是因为年轻人希望在宗旨导向型组织里工作。只要他们相信所服务的公司是宗旨导向型的，会造福社会，他们甚至愿意接受低一点的薪酬。因此，要吸引和留

[①]《经济图谱研究征稿启事》，领英经济图谱研究。

[②]《目前全球三分之二的消费者因信念而购买》，爱德曼（Edelman）于 2018 年 10 月 2 日发表。

住顶尖人才，"宗旨导向"是一个巨大的竞争优势。[①]

总　结

- ✦ 对宗旨的承诺必须来自企业最高层，来自首席执行官。营销人员要协助塑造和打磨宗旨，给出令人信服的说明。
- ✦ 把宗旨融入企业商业模式的核心，而不要将其当成附带品。
- ✦ 精选一系列善因营销举措，这些举措要配合企业宗旨。
- ✦ 不要总去追逐一时风尚。要真正有所作为，始终如一是关键。
- ✦ 长期承诺是非常重要的。
- ✦ 营销人员需要真诚地讲述企业宗旨的故事，避免进入广告或销售模式。不然，消费者会认为企业只是为了一己私利。
- ✦ 企业员工需要拥护企业宗旨，支持善因营销举措。
- ✦ 不必为每一个善因营销举措都创立一个品牌名称。这种

---

① 扎米纳·梅希亚（Zameena Mejia）：《近九成千禧一代人愿意为宗旨导向考虑减薪》，美国消费者新闻与商业频道（CNBC），2018 年 6 月 28 日。

做法对总体品牌并无助益，只会稀释品牌影响力和品牌资产。

✦ 确保建立适当的合作伙伴关系。找到声誉很好的合作伙伴，有效地长期合作。

✦ 确保基金会、企业社会责任举措和善因营销举措之间能产生协同效应。

第十六章 伦理和品牌的报应

最近，有人给我转发了一个链接，里面是乔治·卡林（George Carlin）的单口喜剧表演。他讲到广告和营销行业时，开玩笑地说起营销人员和品牌方玩的众多"把戏"："在这个国家，你每次接触广告就会又一次意识到，美国的领先行业仍然是生产、分销、包装和营销垃圾。"

这个笑话挺好笑的。不过可悲的是，它也反映了公众对营销业界没有良知、不讲伦理的看法。

伦理行为不仅是文明社会的基本要求，还应该指导一个人的日常生活和营销人员的职业生活。不讲伦理的行为会逐渐消磨消费者的信任，这也是可想而知的。而令人震惊的是，只有 34% 的消费者信任自己光顾的品牌[1]。换言之，三分之二的消费者不信任自己光顾的品牌。由此可见，我们要赢得消费者的信任，还任重而道远。把讲伦理当成首要任务的企业的表现优于不讲伦理的企业[2]。凯捷（Cap Gemini）研究发现："由于专注于消费者看重的价值观，消费品公司自然会提升公司的价值。这些公司借助富有感染力的营销，让消费者倾向于选择自

---

① 爱德曼（Edelman）：《2019 爱德曼全球信任度调查特别报告——我们相信品牌可以做更多》。

② "全球最具商业道德企业"（The World's Most Ethical Companies）主页。

家产品，而不选择其他产品。"[1] 跟宗旨一样，这里未必有严谨的因果关系，但这难道不是很基本的一点吗？ 难道不是每位营销人员都应该做到的吗？

不幸的是，许多人把市场营销当作骗局，这也不是空穴来风。很大程度上，这是营销业界几十年来的所作所为造成的结果。

接下来，我会站在知情消费者的角度，分析营销业界的一些做法。

我的妻子买了价格昂贵的保湿霜，包装设计富有美感，产品非常实用，香气也很诱人。但它也是极具欺骗性的。玻璃瓶的大小看起来还可以，可是瓶身内部要比外部厚得多。换言之，瓶子表面看起来的容量要比实际容量大得多。这是正当的做法，还是欺骗手法？ 我的妻子很喜欢这款产品，但很讨厌这家公司和这个品牌。我问了她的几个朋友是怎么想的，她们回答道："这些公司以为我们是傻子。在我们发现底部这么厚、容量这么小之后，自然就会感到失望，会讨厌这家骗人的公司。只要有其他更好的选择，我们会立马换个牌子。"她们会觉得，

---

[1] 雅妮卡·帕马（Janika Parmar）：《讲伦理的消费者——消费品公司为何需要快速采取行动》，凯捷，2019 年 4 月 3 日。

这家公司和这个品牌是不诚实的。

还有一个问题是虚假宣传。研究发现，许多膳食补充剂并没有包装上宣称的成分，或是含有包装上没有标注的不健康成分。无论当地法律是否明文禁止，这都算是有意的标签标识错误。

再举一个例子。我的家乡是辛辛那提。我经常会在辛辛那提和纽约之间往返。我订机票的时候震惊地发现，尽管纽约和洛杉矶的直线距离是纽约和辛辛那提直线距离的 2.5 倍，可是大多数时候，纽约和辛辛那提之间的机票价格却比纽约和洛杉矶之间的机票价格更高。同样，纽约飞往辛辛那提的机票价格比纽约飞往伦敦、纽约飞往巴黎和纽约飞往罗马的机票价格更高。我说的并不是洲际机票便宜，而是纽约飞往辛辛那提的机票太贵了。或许这种疯狂的定价结构是有正当理由的，但在消费者眼中，这就是不公平、不道德的。

那么，接下来发生了什么事呢？像"跳跃时差"（Skiplagged）这样的网站就出现了，它会帮你利用航空公司算法的漏洞。如果你没有托运行李，大可以订纽约飞往芝加哥或洛杉矶国际机场、在辛辛那提中途停留的航班，然后在辛辛那提下机就好。我们的系统到了怎样的地步？我们需要应用程序来跟企业斗智斗勇吗？每当消费者产生了迫切的需求，就会有颠覆性的企业崛起，改变现状。这种现象古来有之。

以邮寄折扣券这个概念为例。邮寄折扣券的商业模式基于这样一个事实：消费者是懒惰而健忘的，所以不会或很少会申领折扣券。整个计划的设计就是这样的。企业很清楚，消费者出于种种原因（包括健忘、把愚蠢的折扣券放错地方或者纯属懒惰），是不会寄回邮寄折扣券的。那么，这些公司是聪明呢，还是存心欺骗消费者呢？

还有那些彻头彻尾的虚假宣传，又或者在法律上站得住脚，可是在精神上完全错误的宣传。企业找到了法律漏洞，就可以去哄骗消费者吗？例如，我有个朋友，他有个习惯——只吃天然有机食品。有一次，他来到一家天然有机食品专卖店，买了一杯天然有机酸奶。我从他手上拿过这杯酸奶，仔细看上面的成分表，发现里面有食品淀粉、明胶、胭脂红（食用色素）、果胶……我感到很诧异，而他目瞪口呆！他看到天然有机的标签，却发现产品中有纯酸奶以外的东西，为此深感失望。

究竟怎样算是聪明的生意人，怎样算是骗人？怎么才能区分呢？难道诚信和伦理不应该是商业实践的核心吗？难道我们不用剥削性、欺骗性或误导性的伎俩，就不能取得成功吗？

数据伦理

在本书中，我对信任这个概念有很多探讨，对数据也聊了很多，两者之间有重要的交集。量子营销会用到大量数据，但这并不代表数据收集和使用是鲁莽或剥削性的。信任、数据和伦理是可以和谐共处的。营销行业对待数据，尤其是对待数据伦理，需要重新分清楚优先事项。

数据伦理关系到公平、透明、负责任地使用数据，负有强烈的责任感。世界品牌方联合会很好地把数据伦理总结为一句简洁有力的话："我们可以用数据做什么，以及应该用数据做什么，两者之间不应该有差距。"[①]

我和世界品牌方联合会首席执行官史蒂芬·里尔克（Stephan Loerke）聊过。他跟我说："数据伦理已经成为一个范式转移的挑战。营销人员只有改变心态，从'以数据为本'转变为'以人为本'，才能应对这个挑战。为此，从品牌、广告技术、广告公司到媒体，营销生态系统中的每个人都需要团

---

① 《世界品牌方联合会推出全球首个面向品牌的数据伦理指引》，世界品牌方联合会新闻稿，2020 年 6 月 1 日。

结起来，为消费者做正确的事，在此基础上，共同创造可持续
发展的未来。"

伦理悄然败落和品牌的报应

伦理和诚信问题超越了市场营销的范畴。在我们生活的
方方面面，都悄然出现了违反伦理和诚信的现象，令人触目惊
心。例如，我把汽车送去维修，维修中心打来电话，报出一长
串汽车存在的问题和需要修理或更换的零部件。其实，这辆车
并没有那么旧，行驶里程也非常少。我不懂行，只能问一些常
识性的问题，对方也早有准备，给出技术性的回答。我无奈地
同意让对方修理和更换零部件，也逆来顺受地付了账单，可是
总觉得对方利用我的无知，把我坑了。事实上，类似我这样
的经历是非常普遍的。现在甚至有一款名为"FIXD"的产品，
插进车里，就可以明确指出问题所在，让消费者知道汽车维修
中心有没有骗人。在撰写本书时，这款产品在官网上播放的视
频标题为《别再上汽车技工的当了》①。也就是说，现在有商家

---

① 《FIXD——别再上汽车技工的当了》，YouTube 视频，2017 年 4 月 28 日上传。

专门推出产品，保护你免受其他品牌、公司或商业实体的欺骗。

某个品牌做出令消费者不喜欢的事情，让他们觉得品牌戏耍、欺骗、坑了自己，这样的例子我还可以举出很多很多。

此外，假新闻频发，政治风波频传，一些媒介载体存有偏见，政府官员贪污受贿，这一切都让情况变本加厉。也难怪全社会缺乏信任的问题会如此严重。

身为营销人员，我们的生计有赖于消费者。那么，为什么要欺骗消费者呢？

要知道，只要消费者觉得自己受了委屈，公司和营销人员就做错了。要么纠正这个模式，要么纠正消费者的看法，不然，总会有其他公司崛起，对你的公司造成颠覆性冲击。

我们暂且不谈消费者。行业内部又如何呢？ 2016 年，经美国全国品牌方协会委托调查，K2 情报公司发表了一份报告，指控广告公司大肆收受媒体的回扣。① 许多人严厉地批评了这份报告。但在撰写本书时，美国司法部正在严肃调查这些严重的指控，这也是他们的职责所在。

如今，社会充满了不信任。相互竞争的媒体渠道取得同

---

① 《媒体透明度举措：K2 报告》，美国全国品牌方协会新闻稿。

一条数据之后，可以给出截然不同的解释、评论和结论。消费者完全不知道什么可以相信、什么不能相信。

随着人工智能的使用范围扩大，什么都可以造假。假照片、假视频、假语音的涌现，令情况变本加厉。例如，现在网上有人工智能生成的假视频流传，视频中，政客对政敌大唱赞歌。人工智能生成的假照片中，人物和背景惟妙惟肖，难辨真假。我们的司法制度所依赖的视觉证据不再成立。语音也是一样的，声调、发音方法、口音和变调都很容易复制。

在这种超级混乱的状态下，我们应该怎么做?

量子营销人员首先必须意识到，信任会成为巨大的竞争优势。他们必须专注于始终勤勉地为品牌建立信任，必须摒除损害信任的各种因素。品牌在人们生活中的相关性和重要性正在减退。在此背景下，备受信任的品牌会长期屹立不倒。因此，建立这份信任是营销人员的责任。

无论是在精神、言语还是行动上，我们都应该正直行事。不管是广告、定价还是包装，欺骗性的做法是瞒不过消费者的。消费者察觉到以后，还会继续选择这样的品牌吗？ 或许你以为自家品牌处于垄断地位，但消费者总会找到别的选择。

我们的广告必须真实可靠。不要错过打广告、与人建立联系的机会，但也不要投机取巧。一个啤酒品牌抱着投机心态，利用一个社会问题做自我宣传，结果受到了谴责。如果公众认为一个品牌不真诚，只是利用社会问题彰显自己，就只会适得其反。公众一旦对某个品牌产生了 1 个负面看法，大概需要 10 个正面看法才会忘记或原谅品牌问题。品牌又何苦自取其辱呢？

消费者欣赏真诚的态度。在产品传播中，要大胆、真实，不要误导人，不要把重要条款放置在极不起眼的位置并且使用小号字体，还自作聪明地把这当成主要策略。

身为营销人员，我们掌握了很大的权力，能影响和塑造公司或品牌文化，所以我们有义务为公司或品牌树立良好的榜样。我们甚至可以塑造公众的看法和社会的发展方向。有了这么大的权力，就要承担起相应的责任，为社会做正确的事情。俗话说，仁爱始于家。营销人员首先必须自己恪守伦理，才能教别人恪守伦理。

此外，营销人员还要评估所有合作伙伴，要求他们承担起相应的责任。无论是广告公司、媒体还是其他合作伙伴和供应商，营销人员都要确保他们开展业务的方式符合伦理。例如，全球体育赞助的总金额高达460亿美元，[1]但长期以来，多项体育运动赛事都充斥着腐败，全球各地都有球员做出可耻的行为。事实上，体育腐败现象司空见惯，国际刑事警察组织甚至发表了一份报告，建议怎样去察觉和处置。[2]身为营销人员，我们应该对这些组织施压。归根到底，这些体育运动赛事在很大程度上是由营销费用资助的。

我们必须公开透明，不能依赖"诱导转向法"这种不良营销手法；不能罗列一大堆枯燥晦涩的条款和条件，明知消费者不会去看，却要求他们在无奈之下点击同意。我们必须珍视与消费者的每一次接触和互动，不要只顾销售或影响对方的偏好，还要趁此机会赢得对方的信任。

最重要的是，量子营销人员自己也是消费者，因此更要做一个好人。己所不欲，勿施于人。你希望别人怎样对待你，就要怎样对待消费者。

---

① 保罗·尼科尔森（Paul Nicholson）：《报告指全球体育赞助支出将下降37%至289亿美元》，足球内幕网（Inside World Football），2020年5月18日。
② 《体育腐败》，美国国际刑事警察组织"犯罪"网页。

尊重消费者的隐私。品牌没有权利窥探消费者的隐私，未经消费者明确同意，也没有权利出售相关数据。我向来大力提倡简化隐私法。我支持美国的联邦法律和欧盟的《通用数据保护条例》，但最好的做法莫过于白律，莫过于心中有一颗伦理的"北极星"。

营销人员必须为品牌承诺负责，秉持品牌承诺。我们必须提供愉快的消费者体验和配置适当的产品，收费合理，绝不可欺骗、说谎、作弊或剥削消费者。

这种想法太天真了吗？绝对没有。第五范式是不一样的规则，其期望和规范与以往完全不一样。要取得成功，营销人员必须满足新的期望和规范。例如，如果你的产品有什么不足的地方，最好明明白白地说出来。否则，总会有人在社交媒体上讨论，引发公关危机。我见过一些开发中的网络产品会查看各种产品宣传，总结其不实之处，公告天下，让品牌不胜其烦。这种现象现在只是初露苗头，后续还会有多得多的例子。

伦理是有传染性的。营销人员必须向整个团队灌输伦理和诚信精神，扩大包容，确保性别平等，拥抱和促进多元化。

我们来重温一下体育运动的例子。女子和男子体育运动获得的赞助存在悬殊的落差。如果一个品牌是赞助商，应该秉持包容和性别平等的原则。值得留意的是，从医疗保健到支付，在各个品类的购买决策中，75%以上是女性做出的。然而，性别不平等的现象还是普遍存在。

正如生活的其他方面一样，品牌贪图一时之利做了坏事，长远而言一定会有报应。我称之为"品牌的报应"。秉持伦理，百分之百诚信行事，团队和品牌一定会慢慢地开花结果。在第五范式中，这会取得巨大的成效。

第十七章 | 危机时期的营销

疫情肆虐全球，造成的破坏在过去几十年里前所未有。经济活动基本瘫痪，许多公司暂停营业，不少行业全面停摆。

在美国许多公司申请破产，上百万家小企业永久性倒闭，企业的营业额遭受重创。当然，营销预算也全面大幅削减，甚至完全被砍掉。

油价一度跌成负数，民众居家隔离，社交距离和远程办公成为常态，民众的生活受到前所未有的冲击。任凭想象力再丰富的超现实主义作家，也万万没想到会有这么一天。

这是一场前所未见的危机，其规模、耗资和影响力巨大。如果你在学习危机管理，你也不可能想象出更好的学习案例。在这场危机中，全世界生态系统的每一个方面都受到了影响。在某种程度上，要学习日后怎样未雨绸缪，从这场疫情危机中积累宝贵的经验和教训。

封锁期间，民众被迫改变生活方式，这些改变会产生深远的影响。有些改变不会消失，会成为民众新的行为。消费者或许回不到危机以前了。例如，许多从未网购的人养成了网购的新习惯。民众被迫尝试新的生活方式（网购、上网看视频），新产品（免洗洗手液），新的社交互动方式［用视频会议软件"变焦"（Zoom）聚会］，新的办公方式（远程），接触新的提升健康和幸福感的举措（瑜伽、冥想、健康食品、补充剂），对"奢侈"产生新的解读（存在与行动，而非占有）等。这一切都会给民众往后的生活方式留下永久的印记。当然，市场营销也必须适应新常态。第五范式和量子营销带来了巨大的变化和变革，而这正是又一个体现。新型冠状病毒疫情没有先例，也没有成熟的应对攻略。

许多专家说，同类型的疫情还会再次发生，新型冠状病毒或其他疫情会一波一波地涌来。日后的疫情会不会像最近这波涉及范围这么广，还是未知数。但毫无疑问的是，危机还会不断发生。危机有许多形式，包括健康危机、经济危机、网络安全危机、政治危机、人道主义危机、自然灾害危机等。营销人员必须随时做好准备，应对新情况。如果危机成为生活的一部分，那么危机管理也要成为生活的一部分。无论下一场危机是大是小，营销人员都要随时做好准备。一旦危机发生（也一定会发生的），他们应该准备好按下按钮，启动战略、计划和战术，尽量减轻损失。同时，他们还需要适当地重新定位，保护品牌和业务免受损害。

以下是需要重点关注的几点。

风险管理

营销部门必须应对许多风险。过去，营销人员认为，某个不妥的广告活动招来批评，又或者发生公关灾难，就是主要风险了。他们会等这类事情发生之后再去处理。但随着技术和数据为营销部门带来有力支持，新的风险也会出现，需要适当处理。除此之外，还有商誉风险、财务风险、知识产权风险、合规风险、法律风险、消费者隐私风险等。每一个风险都可能急剧扩大，让一家公司无法经营。

营销人员绝对有必要为风险管理承担起应尽的责任。这可以采取结构性的解决方案，例如在营销部门常设风险管理职位，或是完全由外部提供支持。

大多数大中型企业都有一个公司层面的风险矩阵图或风险热图，可以向董事会汇报。这些公司设有流程，用于识别可能遇到的所有风险、这些风险发生的概率，以及如果确实发生后会产生的影响等。风险矩阵图或风险热图会列出所有风险，让人一目了然，知道应重点关注的主要风险。公司通常还会制订行动计划，缓解或应对这些风险。

　　营销人员要学会绘制风险热图，也应该随时更新和准备好危机管理计划。一旦发生风险，管理团队应该清楚谁要在什么时候做些什么。

　　图 10 是一个风险热图模板。在这个风险热图中，按照发生可能性和发生后可能产生的影响，将代表不同风险的圆点放在了不同的位置。

　　最上面的是可能让企业破产的风险，对此，营销人员要

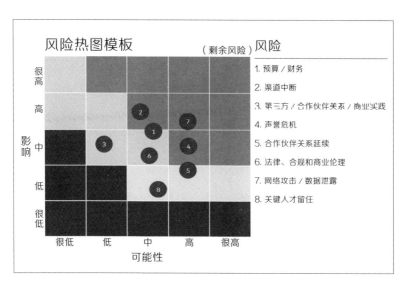

图 10　风险热图模板

时刻保持警惕。不仅如此，风险是不断变化发展的。营销人员要定期与所有合作伙伴一起重新评估风险，决定是否需要调整这项风险在风险热图中的位置。绘制图表不是为了好玩，而是要在单一视图中列出所有风险。这有助于所有相关人士了解风险概况；决定优先应对哪些风险；事先制订计划，防范、缓解或遏制风险。营销人员要为每一项风险制订积极主动的风险缓解计划，还要订立尽量减轻损害的风险遏制计划。这些计划包括确定团队哪些成员负责随时留意防范风险；需要监控哪些主要指标，以确定风险已经发生或正在发生；要采取哪些措施遏制风险；等等。

危机中的宗旨

在经济景气的时期，企业很容易宣扬自己是以宗旨导向为驱动的，这些公司的首席执行官也很容易大谈公司是怎样致力追求其"北极星"。可是，一旦危机爆发，企业可能就会分心，把宗旨抛诸脑后。

实际上，宗旨导向应该是北极星，而北极星的位置是不会改变的。一个人迷路了，可以看北极星指路。不管是发生了水灾、台风、火灾，还是类似于这种程度的灾难，宗旨都不能动摇。应当改变的是，营销人员要根据当前的情况，运用更合适的战术和战略，为实现公司的宗旨采取适当的行动。无论经济是否景气，我们都要坚定不移地继续前进。

是服务还是销售

有些时候适合销售，有些时候只适合提供服务。通常情况下，营销人员想要积极、持续、适当地向顾客和消费者推介或销售公司的产品和服务，但危机时期并不适合销售，只适合提供服务。

危机时期绝对不适合追求雄心勃勃的销售目标。俗话说得好，患难见真情。如果在艰难时期，一个品牌不离不弃，坚持为顾客和消费者提供优质服务，等情况好转，他们也会对这个品牌不离不弃。

不要在危机时期抱着投机心态。信任是在危机中建立，也是在危机中破灭的。如果一个品牌显得自私自利，做出投机取巧，甚至剥削消费者的行为，这份信任就破灭了。而在危机中为顾客提供服务，则可以建立长久的信任，这才是真正的"无价"之宝。

不要剥削

在任何情况下，营销人员和公司都不得做出剥削顾客和消费者的行为。在危机中，可能出现物资短缺、民众亟须某些物品的情形。一些公司或许很容易就能趁此机会哄抬产品价格。消费者可能别无选择还是会买，但他们会记下这笔账。等好景来临，品牌需要消费者的时候，他们就会离品牌而去。

我身为消费者，在 2020 年疫情危机期间就有过这样的经历。当时我所在的城市封城了，我居家办公，想要为平板电脑买一个支架，价格 61 美元，运费居然高达 211 美元，吓得我从椅子上摔了下来。在正常情况下，25 美元以上的订单是免运费的。同样，我订购了一些免洗洗手液，价格是平时的 8 倍！说白了，这是哄抬物价、剥削消费者的行为。我以后还会光顾这家线上零售商吗？

信任是很重要的，需要建立和培养。不正当地剥削消费者是愚蠢的短视行径，对品牌是绝对没有好处的。

危机中的沟通

在危机时期，公关传播团队会扮演至关重要的角色。最重要的事情，莫过于让内部和外部所有重要的利益相关者都确切了解情况，知道发生了什么事，品牌怎样应对、怎样做才是正确的，尽可能控制情况，让利益相关者感到安心。这是极为重要的。

首先，是内部沟通。要让每个人都了解情况，不只是首席执行官和管理委员会，还有全公司的每一个人。这有助于避免员工陷入恐慌，胡乱猜测，谣言满天飞。每个人都需要掌握所有相关信息，统一认识，并在此基础上开展工作。在正常情况下，员工是企业最佳的倡议者，在危机时期更是如此。

其次，对待外部利益相关者，企业需要有清晰的品牌策略，主动联系，分享适当的信息。借助一定会为品牌发声的影响者力量，这是别有特色的影响者营销。

有许多次，我看到品牌传播专家极力避免卷入社交媒体大战。他们觉得一旦品牌出面捍卫自己，澄清事实，只会令情况变得更加复杂，甚至延长新闻周期。这种想法不无道理。于是，他们建议企业最好静观其变，希望社交媒体上有新的热点出来，公司当下的"新闻"成为"旧闻"，被抛诸脑后。

然而，在很多情况下，更好的方法是由企业出面澄清，而不是躲起来。品牌需要采取果断行动。如果企业犯错了，就要认错道歉，告诉消费者公司在采取什么行动，纠正有关错误。如果企业保持沉默，社交媒体受众就会成为法官和陪审团。如果企业没有犯错，就应该澄清事实。企业应该掌握主动权，参与对话，确保公众聆听企业的说法，方为明智之举。品牌还应该在平时争取更多拥护者，让这些拥护者在危机时刻挺身而出，为品牌发声。

危机营销预算

危机肯定会影响到营销预算。社会动荡，消费受到影响，企业营业额也会随之下降。营业额下降了，企业自然就会削减支出。通常情况下，营销是一项较大的支出项目，也难怪首席执行官和首席财务官想拿营销预算开刀了。营销人员不能觉得受了委屈，抱着钱不放，而要着眼大局。我之前说过，首席财务官和营销部门之间需要建立信任。在这种时候，营销人员应该站出来，展现出成熟的大局风范，理解公司的情况，为公司做出正确的决定。

在危机时期，营销人员应该理清秩序，有的放矢，决定哪些事项要优先处理，哪些事项可以暂时搁置。你不能在经济景气的时候把想做的活动全做了，结果在经济不景气的时候面临资金紧缺的局面。

不要停止所有活动和传播

在危机时期，或许有必要削减营销预算，但不能停止所有活动和传播。在危机时期，品牌需要站出来，保持适当的能见度。

品牌必须对消费者及其情绪非常敏感，绝不能不顾他人感受。俗话说得好，即使说得对，也不要用批评的语气。我们显然需要确定适当的信息传递策略、适当的品牌叙事、适当的口吻，最重要的是，要选择适当的时机。任何一个方面没做好，就会事与愿违。如果公众觉得品牌不真诚、自私自利，就会为品牌敲响丧钟。

在此提醒一下，在危机时期，营销人员在运用幽默之前，需要慎之又慎。幽默用得好，大多数时候是奏效的；但人在伤痛时，多半不会觉得好笑，而是会把幽默当成嘲笑或不顾他人感受。

再提醒一个方面：不要千篇一律。在新型冠状病毒疫情期间，几乎每个品牌都表达出相同的主题和雷同的信息，例如感谢医护人员。如果品牌有样学样，就可能迷失在茫茫的信息大海中。所有信息都混在一起，难以分辨，也就无法归因到各自的品牌。

保持密切沟通

在危机时期，营销人员一定要与团队成员和合作广告公司多沟通，再多也不为过。公司要让团队成员知道，主管和公司管理层会为他们提供支持；要让团队成员和广告公司感觉到，他们可以见到管理层，随时与管理层沟通交流。管理是接触人的工作，因此，管理层需要经常主动联系团队成员。主管和管理层只有公开透明，坦诚相待，才能赢得团队成员的尊重。管理层切勿陷入恐慌，而要鼓励每个人给予反馈，当然也要乐于听取反馈。

攻略

市面上有许多危机管理攻略，营销人员可以从中学习和借鉴。营销人员应学会绘制风险热图，事先制订详细的风险缓解和遏制计划。团队要接受良好的培训，包括怎样在危机爆发时建立作战指挥中心。

第五范式的发展速度之快，规模之人，必然会爆发不少危机，营销人员要做好心理准备，也要准备好应对之策。

总　结

* 危机一定会到来。无论下一场危机是大是小，营销人员都要随时做好准备，一旦危机发生（也一定会发生的），应该准备好启动战略、计划和战术，尽量减轻损失。
* 营销部门必须关注风险管理，绘制并更新风险热图，制订并更新危机管理计划和面向团队成员的危机管理培训计划。

- 危机时期不适合追求雄心勃勃的销售目标。俗话说得好，患难见真情。换言之，如果在艰难时期，一个品牌不离不弃，坚持为顾客和消费者提供优质服务，等情况好转，他们也会对这个品牌不离不弃。

- 在危机管理中，内部沟通是至关重要的。在正常情况下，员工是企业最佳的拥护者，在危机时期更是如此。

- 在危机时期，或许有必要削减营销预算，但不能停止所有活动和传播。事实上，在危机时期，品牌需要站出来，保持适当的能见度。

第十八章 量子首席营销官

在本书开头，我充满了希望和乐观。我说过，市场营销的存在价值备受质疑，但同时我也深信，市场营销有望迎来复兴。市场营销可有力推动业务势头加速发展，为企业带来强大的竞争优势。换言之，市场营销可以真正地给企业发展动力带来倍数级增长。

营销人员要向首席执行官和其他高级业务领导人证明：营销部门可以做出卓越贡献，为企业释放价值；可以为企业带来强大的竞争优势，促进业务发展，提升业绩；可以增强盈利能力，提升获客效率，更好地留住客户，提升公司整体声誉；也可以保障企业短期、中期和长期的发展。

进入第五范式，营销部门的角色比过去任何时候都更加重要，它可以有力地推动企业取得成功。在第五范式中，情况发生了翻天覆地的变化。新技术如潮水般涌现。数据规模呈现指数式增长，分析技术变得无处不在、非常强大。人工智能带来了超强的服务能力，而这种服务能力方便了大大小小的公司使用。各行各业都受到颠覆性冲击，产品平价和价格大战成为常态。企业怎样才能让品牌、产品、服务、广告活动和供应品形成差异化呢？消费者注意力持续时间缩短，信息超载，在此环境下，企业怎样才能在纷繁庞杂的海量信息中脱颖而出，与消费者互动，说服消费者选择自家产品和服务呢？ 在消费者生活的每个方面，信任都遭到了侵蚀，企业怎样才能建立信任，形成持久的品牌亲和力和消费者偏好呢？ 前方的挑战之大，是前所未见的，也可以说是量子级别的。

让一家公司的产品和服务形成差异化的，不是产品设计或功能，不是价格，不是千篇一律的简单促销。在不久的未来，市场营销会扮演重要的角色。可是许多公司还没有意识到这一点。如果企业把这个任务交给营销部门，确立明确的期望，给予充分授权，那么营销部门确实可以做出巨大的积极贡献。市场营销正处于转折点，前方的机遇是千载难逢的。把握住这个机遇，营销业界有望一飞冲天；不然，也可能一蹶不振。这就是量子首席营销官要发挥作用的地方了。以下是量子首席营销官的特征：

1. 量子首席营销官就像列奥纳多·达·芬奇，是多才多艺的多面手，在营销的艺术、科学和技术等领域都有精湛的造诣。他们左右脑并用，兼具创意和分析能力。

2. 量子首席营销官必须是懂业务的业务领导人，深谙企业的盈利模式。他们不是纯粹的营销专员，而是真正的总经理，并具备精深的营销专业知识。

3. 他们是优秀的领导人，具有自信心和决断力。这不仅是源于性格，更是源于了解业务动态、掌握营销领域。他们能在业务与营销之间搭建桥梁。

4. 量子首席营销官对市场营销的传统基本元素了如指掌。量子首席营销官了解心理学、社会学和人类学的基础知识；掌握市场营销的"4P"——价格、渠道、产品和促销。他们深入了解定价策略、价格弹性、品牌定位、消费者购买漏斗、广告模式、广告公司运作、包装设计，了解怎样做促销，怎样协商赞助与合作并充分利用这些方面，怎样激励和推动营销团队，怎样衡量整体广告活动和整体营销投资的投资回报率，怎样最有效地管理营销过程，怎样协调营销部门运作的无数事务。

5. 量子首席营销官也深入了解现代市场营销的新兴领域。他们了解数据驱动的冷流量营销，了解绩效营销，对体验式营销具有天赋。他们了解神经营销学、行为经济学，熟悉市场营销的所有新兴领域。此外，数据和数字技术是推动市场营销未来发展的两个主要引擎，他们也掌握这两方面。第五范式与前面四个范式的不同之处在于，由于传感器和物联网如雨后春笋般涌现，数据呈爆炸式增长，加上人工智能的巨大力量，这会彻底改变业界的面貌。量子首席营销官非常清楚这些方面，所以会确保自己有能力继续领导团队不断取得进步。

6. 量子首席营销官是技术达人。他们未必是精深的专家，但至少对工作相关的领域有足够的理解和认识，能提出合适的问题，识破对方的回答中华而不实之处。他们激励团队去思考怎样利用这些新技术，为公司打造竞争优势。这种竞争优势不仅是相对于同品类的竞争对手，还相对于其他所有品类的公司。如今，品牌不仅是与同品类的公司竞争，还要与其他品类竞争，博取消费者的关注，打动人心。

7. 量子首席营销官能清楚地说明营销活动是如何提升业务成果的。他们管理大笔预算，也就有责任推动企业提升业绩，并就此接受问责。量子首席营销官的首席执行官或首席财务官清楚营销部门在为公司做些什么，怎样在各个层面上带来增值，以及怎样推动营业额和利润增长。营销部门可以也应该在公司的增长议程中扮演举足轻重的角色。

8. 量子首席营销官是鼓舞人心的领导人，有远大的愿景。我之所以要提起愿景，是因为一切都在发生巨大的变化。我们需要设想将来有怎样的可能性。量子首席营销官高瞻远瞩，放眼长远的未来。他们不仅会快速对未来做出反应，还会塑造未来。这会带来非常大的竞争优势，而这正是企业需要的。量子首席营销官有远大的思维格局和愿景，也能在一片混乱之中看清大局，振奋和鼓舞人心，推动企业实现美好的愿景。

9. 量子首席营销官是富有同理心的优秀领导人。他们需要带领团队度过这个转型阶段，这并非易事。当前，外部和内部情况都在发生急剧的变化，团队成员可能会苦苦挣扎，茫然不知所措。量子首席营销官要带领团队成员度过这场剧变，描绘出宏大的愿景，使之变得切实可行，理清混乱，掌控大局，在困难中与团队并肩奋战，带领团队成功应对挑战，鼓舞士气，激励团队成员发挥最大潜力，让他们感觉到自己是制胜团队的一员。

10. 量子首席营销官是市场营销的"布道者"，尤其是如果他们所在的的公司不是营销导向的。他们果敢自信，能主动与各个部门的同事沟通，争取到同事的情感认同，展示营销部门的力量，以及营销部门可以为企业做出的贡献。他们推动企业文化发生转变，帮企业看到营销部门可以做些什么。这并不是要一味地描绘美好的未来，更是要证明他们取得了怎样切实的成果。他们会用首席执行官或苫席财务官的语言与之沟通，所以能够在公司里取得成功。由于大多数公司过去对市场营销的印象都不太好，所以他们不会单凭语言宣传，还会切实地证明市场营销的力量。他们会付出额外努力，给出证据。这实际上是在重建市场营销的品牌，让公司内部对市场营销改观。他们不仅会给出确凿的理由，证明企业应该继续投资于市场营销，还会证明企业应该把市场营销视为推动业务增长的重要动力，为企业带来强大的竞争优势。

11. 量子首席营销官有强烈的好奇心，也十分灵活敏捷。许多人曾学习过管理课程，但从毕业到现在已经时过境迁。量子首席营销官不会固守市场营销的旧有范式，那是不合时宜的。他们不会因循守旧，而是会紧跟所有变化，勤于学习新知识，了解最新、最先进的技术，站在时代的前沿。他们会定期投入时间，阅读新兴话题等相关内容，上主题专家讲授的课程，阅读介绍潜在应用领域的白皮书，等等。是的，量子首席营销官会投入时间和精力，与时俱进。

12. 量子首席营销官会放眼全球。许多首席营销官（尤其是美国人）似乎抱着以美国为中心的心态。其实，美国以外发生的事情，往往要比美国国内多得多。量子首席营销官要放眼全球，在世界舞台上尽情发挥，把握机遇。他们会寻求外派机会，亲身了解和感受不同文化之间存在的差异，分析不同文化的员工心态存在怎样的巨大差异、法律和监管环境有何区别、各项原则在不同的社会结构和文化中会有怎样的体现。

13. 量子首席营销官善于建设团队。团队成员在某些领域经验比较丰富，但对其他领域或许比较陌生。想要招募全知全能的全才，几乎是不可能的。于是，量子首席营销官要招募具备以下条件的人才：具有营销天赋，态度积极进取，职业道德良好，拥抱多元文化并适合公司要求，也充满好奇心，做事灵活敏捷。招募以后，量子首席营销官会帮这些人才通过多种渠道进行学习和交叉培训，例如自学课程、线上课程、集体培训课程、大学课程、为其他部门工作、轮岗，以及其他能帮助他们学习的方式。

14. 量子首席营销官把营销部门视为面向顾客的部门，是企业的重要大使。量子首席营销官会亲身参与一线的实际工作，会见分销商、销售同事、团队成员、客户和潜在客户、广告公司和其他合作伙伴、当地媒体、整体营销和广告机构、市场上其他首席营销官等。他们会不断寻找机会，让市场营销更上一层楼。只有亲身参与一线的实际工作，与客户和同事互动交流，让他们对公司的产品和品牌产生更大的兴趣，才能获取最深入的洞察。

15. 量子首席营销官明白，他们的职责不只是发展和保护品牌和企业。他们意识到，营销人员掌握了惊人的权力和影响力，可以为公司做出更大的贡献。此外，凭借与营销界和整个营销生态系统的其他人士携手合作，他们也可以为社会做出巨大的贡献。营销人员每年的支出超过 1 万亿美元。营销人员具有巨大的影响力，可以塑造文化规范，左右消费者的期望，树立榜样。有了这种权力和影响力，就要承担起相应的责任，为社会做出应有的贡献。量子首席营销官关注与企业相关、能造福社会的领域，例如，维护互联网空间安全；保护环境，让地球上所有生物世世代代都有安全的生存繁衍的空间；消除饥饿；寻找治疗癌症的方法。值得注意的是，消费者希望品牌造福社会，也有这样的坚定要求。这固然是一个重要理由，但量子首席营销官知道，营销人员要发自内心地这样去做。因此，他们深切了解社会或社区，理解人们的感受，也具有同理心，会采取适当的行动。

16. 我们即将进入一个"美丽新世界"，但量子首席营销官在监管环境方面扮演着重要角色，涵盖隐私、品牌安全、广告公司透明度等方方面面。市场营销许多基本的基础领域正在重新定义。量子首席营销官正积极参与和塑造这些方面。他们通过商会参与营销事务，包括世界品牌方联合会、美国全国品牌方协会、当地营销协会或当地广告俱乐部等。他们在制定政策、界定行业规范方面，扮演了重要角色。

17. 量子首席营销官是很好的合作伙伴。一家公司不是什么都要自己创造和发明的，首席营销官及其团队也不可能包揽一切。事实上，我在职业生涯中发现，创新的理念大多是外部的小公司提出的。这些初创企业在硅谷等地成立，渴望发展业务，充满动力，一心要取得成功。我发现，与这样的公司携手合作，是特别有利的。我们可以快速创新，在市场上推出新的理念，同时，又能帮这些初创企业扩大规模，增强市场竞争力。

18. 量子首席营销官会以务实的态度对待广告公司。我刚工作没多久，主管就对我说，广告公司不是我们的仆人，而是平等的合作伙伴。我始终把这句话铭记于心，也觉得面向未来，就应该抱着这样与人合作的心态。量子首席营销官会以身作则，始终把合作广告公司视为真正平等的合作伙伴，为团队成员树立榜样。虽然付账单的是企业，但广告公司会创造出富有创意的魔法。即使广告公司的商业模式发生了变化，即使多家咨询公司进军广告公司的业务范畴，即使有些企业收购了广告公司，但我还是认为，在我们迈向成功的过程中，广告公司是我们宝贵的合作伙伴。广告公司是我们团队自然的延伸，不但为了他们自身的利益，也为了助我们取得成功。双方的目标是一致的：创作出具有"魔力"的作品，让团队所有人都备感自豪，在市场上为我们的品牌带来积极影响，推动企业业务取得成功。量子首席营销官明白，广告公司需要灵感，要让他们想出最佳的创意，不能靠恐吓、威胁找别家或不断削减费用，而是要借助真诚的合作伙伴关系。

19. 量子首席营销官会照顾好自己的健康。跟其他 C 级高管一样，他们要承受不少压力。但他们知道，如果自己的健康状况欠佳，就无法做到最好。身体健康是很重要的，尤其是他们要经常出差，倒时差；饮食杂七杂八，不规律；要参加客户活动；等等。可是，他们的身体需要他们自己负责，他们要养成良好的习惯，健康饮食，充足睡眠，以使他们的心理状况处于巅峰状态，从而源源不断地迸发出新创意。我觉得，冥想是很有效的方法。每天冥想半小时，不仅能让心境平静安定，也能大大提高创造力。另外，量子首席营销官会看很多书，滋养心灵。

20. 量子首席营销官不仅智商高、情商高，而且创商也高。此外，借用万事达卡前执行董事长彭安杰的话，他们的"仁商"也高。量子首席营销官首先是一个好人。无论是对待团队成员、各个部门的同事、供应商还是合作广告公司，他们都会以尊重和平等的态度待人。因此，量子首席营销官要兼具良好的智商、情商、创造力和仁爱之心。

21. 量子首席营销官如果对工作感到满意，就会精力充沛、充满期待；否则的话，他们就会改变工作方式，或者另谋他就。他们知道人生苦短，要好好珍惜，不能把时间浪费在乏味的无谓之事上，也不能在缺乏安全感的状态下度过每一天。对有才华的人来说，这个世界充满了机会，他们总能找到最适合自己的工作。在第五范式中，竞争异常激烈，商界会发生结构性转变，企业会感受和意识到对市场营销的需要。因此，量子首席营销官会有充足的机会。

最后，我想跟首席执行官说几句话。如果你打算聘用首席营销官，请务必找一个懂营销、营销经验丰富的人。单凭常识，是搞不定营销的。这人需要深谙营销的艺术和科学，有着十分敏感的直觉，善于清楚地描述抽象的事物。营销人员在营销岗位上历练多年，才能培养出这种能力，才能做出算法以外的判断。首席营销官要成为营销部门的"传播者"，与公司其他部门之间搭建牢固的桥梁。单凭常识或一般管理背景，临场发挥，是行不通的。做营销，不仅要管人、管过程和优化投资，还要激励内部团队和外部合作伙伴，为企业创造魔法。不要为创意而创意，创意是为了推动业务增长，建立巨大的竞争优势。在未来，不管是产品功能、服务能力、供应链效率还是其他方面，各个企业都相差无几。在此环境下，你需要以市场营销来形成差异化，突出自家产品和服务，让消费者对品牌形成持久的信任、渴望，建立持久的品牌亲和力。你需要的人才要具备相关知识、经验、多元能力、商业头脑，以及我在以上 21 点中列出的其他因素。你需要一位量子首席营销官。

我深信，市场营销会回归正轨，重新获得关注，推动并实现企业业绩。营销人员也会工作愉快，享受到营销的乐趣。身为营销从业人员，我们一起来培养未来世世代代的量子营销人员吧。我们必须与大学院校分享知识，一起培养新的营销人员。我们要确保大学生学到正确的知识，运用正确的工具，师从优秀的教授。在大学生实习期间，别让他们去做愚蠢空洞、枯燥乏味的调研任务了，让他们做点正经的项目吧。我们要根据现实世界中实际开展的工作，总结出研究案例，与大学教授分享。学者和从业人员应该时常沟通交流，互通有无。大学教授不妨抽出一点时间，亲自观察首席营销官的工作。同样，营销人员也不妨到大学讲几次课。

感谢你看完本书。希望你从中有所收获。或许你不是对每个观点都赞同，但只要你看了之后能获得些许警醒、想法或启发，我写这本书的目的也就达到了。

祝一切安好！

谢谢！

致　谢

未来，市场营销会发生怎样的转变？一直以来，我都在思考这个问题。我把这个思考带进了之前工作过的几家公司和万事达卡，过去几年里，也在各个论坛上分享了一点想法。2019 年，我开始撰写这本书里提到的概念，想要浓缩 30 多年从业经验的精髓，更重要的是想描述我对未来的愿景、看法和概念。很幸运，作家经纪人斯科特·霍夫曼（Scott Hoffman）看中了这本书的潜力，给了我宝贵的建议，并帮我完成了这个出于个人兴趣而做的项目。非常感谢斯科特！

感谢哈珀柯林斯领导力（HarperCollins Leadership）出版社资深编辑萨拉·肯德里克（Sara Kendrick）。她对我的假设、概念和论断提出质疑，大大提高了书稿的质量。整个过程中，有她卓越的洞察和支持，我感到非常幸运。也感谢哈珀柯林斯领导力出版社其他人员的大力支持，包括杰夫·法尔（Jeff Farr）、戴维·麦克尼尔（David McNeill）和罗恩·赫伊津哈（Ron Huizinga）。我还想感谢西西里·阿克斯顿（Sicily Axton）。她为了这本书的上市，制订了很好的营销和公关计划，并予以跟进。

感谢约翰·加夫尼（John Gaffney），撰写本书的整个过程中，他为我提供了很多协助。

我还想感谢看过这份稿件的同事和其他行业领袖，他们给了我宝贵的反馈意见和背书。能得到这么积极的反馈，也让我接下来充满动力。

最后，我想感谢我的家人、老师、朋友和这些年来的同事。他们造就了今天的我，我对此十分感激。感谢我的精神领袖帕拉卡拉·斯瓦米先生。几十年来，他一直为我指引方向。谨以此书献给他。